KB262076

성품성사

성품성사

2007년 10월 초판 | 2013년 4월 재쇄
옮긴이 · 이은희 | 펴낸이 · 이형우
ⓒ 분도출판사

등록 · 1962년 5월 7일 라15호
718-806 경북 칠곡군 왜관읍 왜관리 134의 1
왜관 본사 · 전화 054-970-2400 · 팩스 054-971-0179
서울 지사 · 전화 02-2266-3605 · 팩스 02-2271-3605
www.bundobook.co.kr

ISBN 978-89-419-0718-3 03230
값 7,500원

안셀름 그륀

성품성사 _{사제의 삶}

이은희 옮김

분도출판사

머리말 | 11

1 사제신학 | 15

a) 사제의 원형原型 | 15

    악령을 물리치는 이 | 16

    교사, 꿈 해석자, 예언자 | 16

    의사, 심리치료사 | 17

    신과 인간의 중재자 | 18

    탄식하고 노래하며 청원하는 사제 | 19

    거룩한 곳을 지키는 이 | 20

    여사제 | 21

    사제 입문 | 22

b) 성경 속의 사제 | 24

구약성경의 사제 | 24

신약성경의 사제 | 24

위대한 참사제 예수님 | 25

주교, 사제, 부제 | 26

c) 교회 전통 안에서의 사제 | 29

교회사에서 점차 확대된 사제의 의미 | 30

종교개혁과 제2차 바티칸 공의회 | 32

11 예식 | 35

a) 사제 서품식 | 36

수품 후보자 소개 | 36

제대 앞에 엎드림 | 37

침묵 속의 안수 | 38

사제 서품 기도 | 39

손의 도유 | 40

빵과 포도주 수여 | 41

평화의 인사 | 42

새 사제들이 공동 집전하는 성찬 전례 | 42

새 사제의 축복 | 43

b) 주교 서품식 | 44

c) 부제 서품식 | 46

d) 그 밖의 봉헌식 | 47

동정녀 봉헌식 | 47
수도원장 봉헌식 | 49
그 밖의 교회 직무를 위한 봉헌식? | 49
'세속' 직무와 소명을 위한 봉헌식? | 50

Ⅲ 사제 생활 | 53

a) 신자들의 보편 사제직 | 53

지상의 것을 성스럽게 | 55

증언 | 56

전례 거행 | 57

세속에서 거룩한 것을 보호하기 | 59

사랑의 불 지키기 | 59

하느님 뜻에 눈뜨기 | 60

참자아의 길 | 61

축복 | 62

b) 직무 사제직 | 63

손 - 사제의 도구 | 64

인간을 위한 빵과 포도주 | 67

부활의 옷 | 67

봉헌 | 68

c) 현대 교회와 세상 안에서의 사제 | 70

사제의 일상을 위한 건강한 의식 | 71
친교 | 72
내가 생각하는 사제의 모습 | 73

맺는말 | 77
참고문헌 | 80

사제 서품에 대해 쓰려고 하면, 내가 이해하고 있는 사제의 모습과 만나면 된다. 나는 사제로서의 나 자신을 어떻게 이해하고 있는가? 사제의 실존적 본질은 무엇인가? 사제의 본질을 규정하는 것이 무엇인지, 우선적으로 본당 공동체의 목자인지 혹은 성사 집전자인지 혹은 영혼을 돌보는 사람인지 하는 문제에 대해 70년대에 많은 논쟁이 있었다. 오늘날 평신도가 이미 본당 공동체의 목자로서 활동하는 교구가 많다. 또 영혼을 돌보는 일은 사제뿐만 아니라 교회 봉사자나 사목 협력자도 한다. 사제에게 주어진 고유한 권한은 성사 수여권이다. 그렇다고 사제직의 본질이 성사를 주는 것에 있을까? 이런 방향으로만 생각하는 것은 충분하지가 않다.

　나는 기꺼이 사제이고 싶다. 나로 하여금 사제의 신원을 체험케 하는 중요한 일은 성찬례이다. 또 내가 사제로서 어린아이에게 세례성사를 줄 때면 이 일이 얼마나 아름다운지 느낀다. 그러나 사제의 신원이 과연 직무에만 있는 것일까? 사제직의 본질은 무엇일까? 이런 질문에는 나 역시 어떤 분명한 대답도 할 수 없다는 것을 안다. 사제로서 나의 정체성은 다양해서 임무로만 규정할 수 없고 오히려 나 자신의 인격으로 결정된다.

　사제에 대한 신학적 논쟁을 숙고할 때 언제나 중요한 것은, 모든 그리스도인에게 해당하는 보편 사제직과 주교에게 사제품을 받고 사명을 지니고 세상에 파견되는 직무 사제직의 관계이다. 분명, 사제직의 핵심은 파견이다. 우리는 더 기분 좋아라고, 우리의 자존감을 높이려고, 뭔가 특별한 존재이고 싶어서 사제품을 받는 것이 아니다. 사제는 백성들에게 파견된다. 따라서 나는 사제에게 해당하지만 어떤 방식으로든 모든 그리스도인에게도 해당하는 소명과 파견을 배경으로 하여 성품성사를 고찰하고 싶다. 모든 그리스도인은 자기만의 특별한 소명과 사명을 갖고 있기 때문이다. 이렇게 사제상像과 사제품의 이미지는 모든 그리스도인이 이 세상에서 자기 사명이 무엇인지, 이 사명을 잘 수행하기 위해 어떤 원천들이 필요한지 찾아 발견하도록 도울 수 있을 것이다.

가톨릭 교회는 성품성사를 칠성사에 넣는다. 마르틴 루터는 사제의 특별한 품계를 인정하지 않았고 그것에 대항하여 믿는 이들의 보편 사제직을 주장했다. 제2차 바티칸 공의회도 보편 사제직에 관해 생각하게 되었다. 그러나 루터와 제2차 바티칸 공의회 모두 이 개념이 무엇을 의미하는가에 관해서는 말하는 바가 적다.

루터가 말하고자 하는 것은 신자들의 사제직은 무엇보다 누구든 하느님을 향한 자유로운 여정에 있다는 것이다. 하느님과 만나기 위해 특별한 사제직이 필요한 것은 아니다. 루터는 신자들의 사제 임무를 무엇보다 하느님 찬미에서 찾았다. 현대 가톨릭 신학의 견해도 이와 비슷하다. 덧붙여, 현대 신학은 모든 신자가 성찬례를 통해 하느님께 정결한 제물을 바친다는 점을 포함시킨다. 또 현대 신학은 초기 교부들의 전통 안에서 신자들이 바치는 정신적 제물, 정결한 양심으로 바치는 흠 없는 제물, 그리고 극기와 형제애의 제물에 대해서도 언급한다. 여기서 사제는 신실한 그리스도인의 이미지를 갖게 된다. 하지만 루터의 말과 제2차 바티칸 공의회의 진술에서도 사제직의 본질을 찾기란 쉽지 않다.

중요한 것은 특수 사제직과 보편 사제직이라는 개념을 말하기 전에 먼저 사제라는 개념을 설명하는 것이다. 사제는 나에겐 하나의 원형적原型的 이미지로 다가온다. 그래서 나는 직무 사제직과 그리스도인의 보편 사제직에 대해 이미지(像)로만 말할 수 있다. 사제로서의 내 개인적 실존에 대해서도 그런 이미지로만 묵상할 수 있다. 이런 이미지를 고찰하다 보면 사제로서의 나의 신원이 떠오른다. 그렇게 되면 직무 사제직과 보편 사제직의 정확한 신학적 차이는 이제 더 이상 중요하지 않게 된다.

1 사제신학

a) 사제의 원형原型

그리스도교에 선행하는 종교의 역사를 일별하면 모든 종교에서 사제가 중요한 역할을 한다는 것을 알 수 있다. 바실리오스 클라인Wassilios Klein은 "무엇보다 특별한 힘[카리스마, 은총, 마나(mana)]을 통해, 그리고 제관으로서 신과 인간 사이에 다리를 놓는 역할을 통해 한 무리의 종교 추종자들과는 구분되는 종교 지도자"로서의 사제를 정의하고 있다(Klein, *TRE* 379). 여기서 뭔가 중요한 것이 발견된다. 사제는 생래生來적으로 혹은 특별한 축성을 통해 특별한 힘을 갖게 된다는 것이다. 사제에겐 뭔가 누멘적인(신비적인) 것이 있다. 그에겐 우리의 이해를 벗어나는 힘이 현존한다.

●●● 악령을 물리치는 이

사제는 신 가까이 있으며 제식을 행함으로써 얻게 되는 신성한 치유의 힘으로 인간을 돕는다. 종교의 역사를 보면 사제는 제식을 행하는 특별한 사람이다. 사제들은 실제로 제식을 행함으로써 사람들을 위험에 빠뜨릴 수 있는 악령으로부터 인간 공동체의 삶을 보호한다. 우리는 어쩌면 이 모든 것이 고답적이고 이미 시대에 뒤떨어진 기능이라고 생각할지도 모른다. 하지만 우리는 사제의 행위가 그 당시 어떻게 사람들을 진정시키는 작용을 했을지 상상할 수 있다. 우리가 그 옛날 사제의 모습을 생각할 때 갖는 신비로운 느낌을 다르게 말하면, 사제는 악령을 물리치는 사람이라는 것이다. 수도승 중에서도 악령에 익숙하고 그래서 자신의 영혼을 잘 알았던 사람만이 악령을 물리칠 수 있었다. 악령과 그림자, 고착된 사고에 끌려가지 않고 자기 영혼 안에서 신의 이끄심을 받는 사람은 주변 사람들에게 축복이다. 그는 주변을 보호하고 악의 힘을 영의 힘으로 변화시킨다.

●●● 교사, 꿈 해석자, 예언자

사제의 또 다른 중요한 임무는 아는 것을 전달하는 것

이다. 그들은 신의 본질과 삶의 성취에 대한 충분한 지식을 습득했다. 따라서 사제는 삶의 성취를 보증하는 사람이었다. 해몽은 그 지식을 전달하는 수단이었다. 사제는 최초의 해몽가였다. 꿈은 신으로부터 오는 신성한 어떤 것으로 여겨졌다. 그러나 해몽은 혼자 힘으로 되는 것이 아니었다. 그래서 사람들은 사제에게 갔다. 많은 종교에서, 신전의 사제는 신의 뜻을 세세히 알아내어 개개인에게 전해 주는 임무를 지니고 있었다. 그리하여 마침내 자신들의 미래를 예견할 수 있는 능력이 있다고 믿는 예언자 사제가 생겼다.

사제에겐 말하자면 신성한 영의 작용에 대한 직감이 필요했다. 그는 인간의 영혼에서 신성한 영을 발견하고 한 사람 한 사람에게 신이 어떤 길을 보여 주는지 인식해야 했다. 이를 위해 영을 식별할 수 있는 탁월한 능력이 요구되었다.

●●● 의사, 심리치료사

사람들의 죄를 정화하거나 내면의 악한 그림자의 영향을 받은 표상을 정화하기 위해 제의적으로 사람들을 씻어 주는 일도 사제의 직무에 포함되었다. 사제는 이렇게 인간이 진정한 본질을 발견할 수 있도록 해 주는 존재였다. 사제는 의사가 아니었다. 그렇지만 사람들의 문제를 듣고 기도하면서 그 문제를 신 앞에 가져와 신의 뜻을 살피면서 병을 치유하고 그들의 영혼을 돌보는 사명을 다했다.

이 옛 임무를 오늘에 적용시키면, 무엇보다 정화 작용을 생각하게 된다. 사제는, 타인들이 투사했던 그림자로부터 사람들을 정화하고 또 사람들의 참모습을 흐리게 하는 스스로 만들어 낸 표상을 정화하는 사람이다. 또 사제는 본질을 가리는 인간의 죄를 씻어 낸다. 사제는 인간 안에서 신 본래의 아름다움을 보며 선입견에 이끌리지 않는다. 그는 모든 사람의 삶에서 신의 흔적을 찾아낸다. 또 사제는 이러한 본래적이고 순수한 신의 흔적이 자기 삶에 있음을 믿고 신의 원형을 자기 안에 실현하려는 사람들을 돕는다.

●●●● 신과 인간의 중재자

사제는 무엇보다 신과 인간의 중재자다. 그는 신의 자비와 사랑, 신의 치유 능력과 정화 능력을 인간에게 전한다. 모든 종교에서 사제를 신과 인간의 중재자로 믿는다. 사제는 신께 사람들의 희생을 바치거나 혹은 그들의 관심사를 보편 지향 기도로 받아들여 신 앞에 올리면서 신과 인간을 중재한다. 로마인들은 사제의 이러한 중재 기능을 '폰티펙스'pontifex(다리 놓는 사람)로 표현하였다. 로마인들은 대사제를 '폰티펙스 막시무스'Pontifex maximus(다리를 가장 잘 놓는 사람)라 불렀다. 사제는 신과 인간, 그리고 인간과 인간 사이에도 다리를 놓는다. 사제는 중재자이기에 맞어 주고 화해시킨다. 그는 양극단으로 분리된 것을 하나로 맺어 준다. 즉, 빛과 어둠, 하느님과 인간, 고통과 치유, 죄와 용서를 하나가 되게 한다. 사제의 임무는 양극단을 맺어 주는 데 있다. 인간이 갈기갈기 찢겨짐을 느끼고 이런 찢겨짐을 종종 경험하는 세상에서 사제는 개인도 공동체도 분열되지 않게 보증해 주는 사람이다.

중재자로서의 사제는 자기가 중심을 잡고 신과 하나가 되도록 도와주는 사람이다. 백성의 예물을 봉헌하는 사제는 뭔가를 변화·변모시키는 사람이다. 사제는 백성의 예물을 신께 바칠 때 그것을 다 태워 버린다. 예물은 이렇게 변모된다. 예물은 지상의 영역에서 들어 올려져 신성한 영역으로 들어간다. 사제는 지상적인 것을 신성한 것과 결합해 지상적인 것 안에 신이 드러나도록 변모시키는 사람이다. 이것은 인간이 진정한 자기를 찾아가는 과정에 대한 이미지이다. 충동과 열정, 감정과 능력을 지닌 인간은 점점 더 신의 영에 사로잡히고 신의 영이 그의 가슴을 꿰뚫을 때 자기 자신을 발견한다.

●●◦◦ 탄식하고 노래하며 청원하는 사제

또 하나의 사제 그룹은 탄식하고 노래하며 청원하는 사제였다. 사제는 괴로워하는 사람 편에 서서 탄식했다. 사제는 그들의 청원을 신께 아뢰고 도움이 필요한 사람에게 도움을 주십사고 간청했다. 노래하는 사제의 전형은 목소리의 은총을 받은 오르페우스다. 인간의 심금을 울리는 이 목소리는 신께 마음을 열어 상처를 치유했다. 제사는 본질적으로 사제 직무에 속한다. 이 제사에서 사제는 백성의 편에서 노래한다. 대리자가 된다. 그는 자신을 위해서가 아니라 사람들을 위해 기도한다. 혼자 노래하지만 백성의 위탁으로 신에 대한 찬미가 울려 퍼지게 하는 것이다. 이렇게 제식에서 신을 찬미할 때 세상은 변화하여 더욱 밝아지고 더욱 거룩해진다.

●●● 거룩한 곳을 지키는 이

많은 종교에서 사제를 거룩한 곳을 지키는 사람, 보호하는 사람으로 생각한다. 거룩한 제단이 더럽혀지지 않도록 돌보고 보호하는 임무가 많은 사제에게 주어졌다. 그들은 이 거룩한 곳에서 제식을 규칙적으로 행하여 늘 거룩한 곳이 되도록 돌보았다. 사람들은 그들 삶의 구원이 거룩한 장소와 밀접한 관련이 있다고 믿은 것이 틀림없다. 거룩한 것만이 구원을 가능하게 한다. 사람들은 그렇게 확신했다. 세속화된 세상 한가운데서 거룩한 것에 대한 감각을 굳건히 지니고, 지금 서 있는 자리에서 거룩한 곳을 지키는 것이 사제의 아름다운 사명이다.

로마인들에게 거룩한 곳을 지키는 것은 곧 성전의 불을 지키는 것을 의미했다. 이것은 베스타 신전 여사제의 임무였다. 이 여사제는 베스타 신전의 성화聖火를 수호해야 했다. 백성의 불이 꺼지지 않도록, 여사제의 심연에 생생하게 살아 숨쉬는 것이 꺼지지 않도록 불을 지키는 모습도 아름다운 사제상이다. 사제는 자기 심장의 불뿐만 아니라, 타고는 있으나 언제 꺼질지 모르는 공동체의 불도 지킨다. 로마인들에게 여사제는 신성한 사랑의 불이 공동체와 국가에서 꺼지지 않도록 지켜 주는 사람이었다. 말하자면 로마 국가의 존립은 여사제에게 달려 있었다.

●●● 여사제

여사제를 둔 종교도 많았다. 고대 그리스에서 남신에게 남성 사제가 있었다면 여신에겐 여사제가 있었다. 그러나 디오니소스 예배만은 예외였다. 사랑과 성性과 도취의 신, 디오니소스 예배는 여사제가 집전했다. 그리스 도시국가에는 남성 사제와 여사제가 공존했다. 어머니 여신 데메테르를 모시는 여사제에겐 특별한 의미가 있다. 데메테르 신전에는 여성만 들어갈 수 있었다. 비밀의식에서 여사제는 중요한 역할을 했다. 이집트에서도 이리스 여사제의 역할이 중요했다. 앞서 언급했듯이 로마에는 베스타 신전의 성화를 수호하는 여사제들이 있었다.

역사적으로, 남성 사제와 여사제가 하는 일은 같지 않았고 영역에 따라 다양한 임무가 있었다. 여사제의 제식은 모신母神 숭배(Mutterkult)와 흡사했고, 대지·자연과 더 가까웠다. 이들은 풍요와 성장, 그리고 화덕의 수호자였다. 여사제는 비밀의식에서 화신化身의 신비로 인도했다. 여사제는 탄생과 죽음, 신 안에서의 인간의 새로운 탄생을 담당했다. 디오니소스 예배에서 그랬듯이 여사제는 사랑과 성이라는 주제와 내적으로 결합되어 있었다. 이들은 인간을 삼라만상, 그리고 신과 하나 됨을 예감할 수 있는 사랑과 성의 신비로 인도하였다.

●●● 사제 입문

남성 사제나 여사제는 입문식이나 축성식을 통하여 부여된 임무에 따라 직무를 수행했다. 축성식에서 신성한 힘을 받았다. 이 축성으로 사제는 공동체의 여러 사람 가운데서 들어 올려져 종교의 영역으로 들어간다. 그러나 축성 행위가 완성에 이르기까지 사제는 긴 양성 과정을 거쳐야 했다. 올바른 전례를 익히고 금욕 방식을 습득해야 했다. 양성 과정에는 신학과 의학과 기상학에 관한 광범위한 지식의 습득도 포함되었다. 삶을 성취하는 데 필수적인 모든 것을 사제는 배우고 이해해야 했다. 많은 문화권에서 사제는 거룩한 것에 정결한 마음으로 다가가기 위해 독신으로 사는 것이 요구되기도 했다.

사제가 되는 길은 간단하지가 않다. 이 사명을 준비하기 위해서는 기나긴 길을 걸어가야 한다. 이렇게 사제의 원형에는 늘 영성 생활에 대한 새로운 도전과 자기 영혼과 백성들의 영혼을 더욱더 탐색하라고 끊임없이 요구하는 도전이 가로놓여 있다.

가톨릭 교회가 이교도적 요소들을 사제상像에 받아들인 것을 잘못으로 여기는 이들이 적지 않다. 이들은 교회가 신약성경의 해석만을 재현해야 마땅하다고 생각한다. 그렇지 않으면 성경의 가르침을 왜곡하게 될 것이었다. 그러나 지난 2천 년 동안 교회는 모든 종교에 내재된 갈망을 아우르며 복음을 선포했다. 여기에 교회의 지혜가 있었다. 사제의 원형에 내재된 갈망에 접근하여 그것을 사제상에 통합시킨 것 또한 합당했다. 교회가 보편 사제직에 관해 말할 때 사제의 신원에 대한 원형적 요소가 함께 고려되지 않으면 이 개념은 공허한 것이 되고 만다. 따라서 나는 종교사가 우리에게 제공하는 사제 신원의 원형적 요소들을 먼저 서술했다.

이러한 이미지를 바탕으로 우리는 이제 성경을 살펴보고 묻는다: 그리스도교는 여러 종교의 사제상에 관해 무엇을 이해하였는가? 무엇이 그리스도교의 사제상을 변화시켰으며 다르게 본 것은 무엇인가? 이전에 존재했던 모든 사제상에 대한 대응으로 이해할 때 비로소 성경의 진술들이 제대로 납득될 수 있을 것이다.

b) 성경 속의 사제

● ● ● 구약성경의 사제

구약 시대에는 오직 레위 가문의 남자들만 사제가 될 수 있었다. 구약의 사제는 무엇보다 신탁 임무를 띠고 있었다. 사제는 신탁을 풀어 해석하면서 정치적 결단을 내림으로써 왕을 도와주어야 할 때는 왕과 함께 신전으로 갔다. 사제의 다른 임무는 그가 인식한 하느님을 전파하는 것이었다. 사제는 백성들이 하느님을 인식하고 신앙 안에서 가르침을 받도록 돌보아야 했다. 또 하나 중요한 기능은 '정결성'에 대한 판단이었다. 사제는 과연 어떤 사람이 정결한지 혹은 그렇지 않은지, 또 언제 그런지를 판단해야 했다. 사제들은 종종 재판과정에도 참여해서 영향력을 행사했다. 사원이나 성전에서 사제들은 직무를 감독하는 것을 익혔고 제물을 바쳤다. 유다교에서 여러 가지 제물을 봉헌하는 것은 사제의 가장 중대한 임무였다. 마지막으로 사제는 백성을 축복하고 모든 백성에게 하느님의 강복을 중재하는 임무를 띠고 있었다.

● ● ● 신약성경의 사제

신약성경에 사제가 등장하는 몇몇 장면이 있다. 그러나 그 장면들은 중요한 역할을 하지는 않는다. 예수님은 병이 나은 나병 환자에게 가서 사제에게 나은 몸을 보이라고 이르신다(참조: 마르 1,44; 루카 5,14; 17,14). 어떤 사제는 강도를 만나 초주검이 된 남자를 그냥 지나쳐 간다(루카 10,31 참조). 사제들은 수난사에서 특히 중요한 역할을 한다. 예수님이 성전에서 "사고팔고 하는 자들을" 내쫓은 것은(참조: 마태 21,12; 마르 11,15; 루카 19,45; 요한 2,14-15) 당시의 예배관습을 공격한 것이나 다름없다. 이것은 예수님이 자신들에게 문제를 제기한다고 느낀 사제들의 저항을 불러일으켰다. 그래서 수석 사제, 율법 학자들과의 갈등이 예수님을 처형으로 이끌었을 것이다. 예수님은 대사제 한나스와 카야파에게 신문을 받았다. 그리고 대사제와 그를 따르던 무리는 예수님을 로마인들에게 넘겼다.

●●● 위대한 참사제 예수님

루카는 사도행전에서 사제가 젊은 그리스도인(제자) 공동체의 적대자에 속해 있었다고 전한다(사도 4,1 참조). 그러나 예루살렘 초기 공동체에는 많은 사제가 있었다(사도 6,7 참조). 히브리서에서 사제 개념은 중요하다. 여기서 예수님은 위대한 참사제로 표현된다. 예수님은 우리를 구원하는 제물로 당신을 모두 바치셨다. 그것으로 예수님은 구약의 희생 제사와 레위기[적 의미]의 사제직을 영원히 완성했다. 사제 개념은 예수님의 구원사를 표현하는 데 사용된다. 예수님은 우리를 죄에서 구원하셨다. 따라서 우리 죄를 씻어 주어야 하는 사제는 더 이상 필요 없다.

베드로 첫째 서간은 신자들에게 "하느님 마음에 드는 영적 제물을 예수 그리스도를 통하여 바치는 거룩한 사제단"(1베드 2,5)이 되라고 한다. 이 서간의 저자에게 영적 제물이란 그리스도인에게 적대적인 세상에서 거룩한 생활을 하고 예수님의 영에 인도받는 것을 의미한다. 거룩한 사제단이란 개념은 그 당시 로마의 지배를 받던 세상에서 이방인처럼 살았던 그리스도인들에게 그들이 뭔가 특별한 존재이며, "하느님 현존의 성스런 영역"(Backhaus, *LThK* 584)에 편안히 머물면서 하느님 가까이 있음을 체험해도 된다는 느낌을 준다. 여기서 성경 저자는 사제의 임무보다는 오히려 그리스도인의 특성을 말하고 있다. 즉, 하느님의 선택, 거룩함, 부패한 세상에서 벗어남, 그리스도인 공동체의 사제답고 왕다운 품위라는 의미를 담고 있다. 거룩한 사제단의 이미지는 박해받는 공동체 사람들에게 새로운 자존감을 심어 주고 그들에게 위로와 희망을 주었을 것이다.

●●● 주교, 사제, 부제

초대 교회는 직무자들을 제식-사제 개념이 아니라 사회 영역에서 취한 명칭으로, 즉 '감독'(*episkopos*), '원로'(*presbyteros*), '봉사자'(*diakonos*)로 표현했다. '원로'라는 개념은 유다 교회와 헬레니즘 도시문화에서 비롯된 것이다. 이 모든 개념의 이면에는 사제에 대한 종교사적 이미지를 지배한 성사적 차원이 있다. 이 개념들은 그리스도교 공동체의 기능, 즉 인도·관리·봉사 기능을 가리킨다. 인도 기능(주교직)은 그리스도교 교회 공동체 조직 그리고 미사성제와 관련이 있다. 원로(사제)는 성찬례를 거행한다. 그리고 부제는 무엇보다 가난한 사람들을 돌봐야 했다. 그는 주교에 속해 있고 그로부터 일을 위임받았다.

3세기 이후부터 비로소 이 개념들은 사제의 원형적 표상으로 채워졌다. 이것을 그리스도교의 전형적인 기만으로 생각하는 사람이 많다. 그러나 이것은 확실히 인간의 원초적인 욕구에 부합한다. 단지 우리는 오늘날 그리스도교 공동체의 기원과 사람들이 직무에 부여한 여러 가지 의미 사이의 긴장을 분명히 알아야 한다. 그리스도교의 사제 개념에 있어 성사적 차원과 기능적 차원 간의 긴장은 지속되어야 하며 뛰어넘을 필요가 없다.

이런 연관 속에서 신약성경에 나오는 초대 공동체 여성의 역할은 무엇인가 하는 질문이 제기된다. 바오로 사도의 서간은 초대 교회에서 여성도 성찬례를 관리했다고 분명히 전한다. 여성도 지역교회를 이끄는 데 남성과 동등한 권한으로 참여했다. 로마서에서 바오로 사도는 "우리의 자매이며 켕크레애 교회의 일꾼이기도 한 포이베"(로마 16,1)를 소개한다. 똑같은 말로 바오로 사도는 교회에서의 자신의 일에 대해서도 서술한다. 바오로 사도는 프리스카와 아퀼라를 "그리스도 예수님 안에서 나의 협력자들”(로마 16,3)이라고 부른다. 사도 바오로에게서 협력자란 늘 교회의 일을 함께 하는 사람을 뜻한다(Venetz 154 이하 참조). 마리아에 대해서는 그녀가 공동체를 위해 열심히 일했다고 말한다(로마 16,6 참조). 이런 말을 바오로 사도는 그의 사도적 활동에 기꺼이 사용한다. 바오로 사도는 안드로니코스와 유니아(여성)를 뛰어난 사도라 부른다(로마 16,7 참조). 로마서에서 바오로 사도의 인사 내용을 살펴보면, 여성들도 “교회 직무에 책임을 떠맡고 있었다는 것”(Venetz 156)을 알 수 있다. 바오로 사도가 그 여성들에게 일을 맡긴 것은 아니다. 그 여성들은 이미 바오로 사도 이전에 직무를 행하고 있었고, 바오로 사도는 그들의 직무를 인정한다. 그 직무에는 복음 선포와 또 그 당시 대부분 가정공동체에서 행했던 성찬례도 포함되었을 것이다.

따라서 역사적 사실로만 보면 여성을 사제 직무에서 배제할 아무런 근거가 없다. 오직 남성만이 사제인 그리스도를 대신할 수 있다고 논쟁하는 신학자들이 적지 않다. 그러나 어떤 신학이 사제직에 관해 그런 논쟁을 불러일으키는지는 의문이다. 여성들과 예수님의 친교만 보더라도 그런 신학적 증명은 확실히 뒷받침되지 못한다. 예수님은 남성들뿐만 아니라 여성들도 제자 그룹에 받아들였다. 그리고 여성들은 예수 부활의 첫 증인이 된다. 베네츠는 초대 교회 여성의 역할에 관한 성서적 증거를 연구하여 다음과 같이 결론을 내린다: “여성을 직무에서 배제시키기 위한 근거를 성경에서 찾는 것은 부적절하다”(Venetz 277). 교회에서 여성의 직무를 허용하는 데는 시간이 좀 걸리더라도 분명 의식전환이 필요하다. 이미 제2차 바티칸 공의회에서 많은 주교가 여성을 부제품에 올릴 것을 요구했다.

c) 교회 전통 안에서의 사제

초대 교회는 거듭해서 예수님을 “위대한 참사제”라 부른다. 교회는 특히 초세기인들을 크게 매료시킨 히브리서의 진술을 인용하고 있다. 유스티누스에 따르면 그리스도인들은 “하느님의 위대한 참사제적 백성”(Bradshaw, *TRE* 414)을 형성한다. 그들의 임무는 자신의 삶을 하느님께 봉헌하는 것이다. 그들의 사제직은 무엇보다 그들 삶의 궤적을 그리스도께 맞추고 성찬례에 참여하며 자신을 하느님께 제물로 바치는 데 있었다.

3세기 초에야 주교와 신부는 사제 개념으로 서술된다. 테르툴리아누스와 키프리아누스 이래, 주교는 늘 ‘사제’(sacerdos)로 지칭되었다. 동방에서도 오리게네스는 주교를 사제로 명명한다. 더불어 신부도 사제라 불렀다. 하지만 오리게네스에 따르면 신부는 낮은 계급의 사제다. 원칙적으로는 주교만 사제다. 신부는 주교의 사제직에 참여하는 것이다. 부제는 사제직에 포함되지 않는다.

시간이 흐르면서 그리스도교 직무 수행자의 이미지가 변화한다. "주교와 사제는 더 이상 사제적 백성의 수장으로 나타나지 않고 평신도를 위해 일하는 사제단이 되었다"(Bradshaw, *TRE* 416). 서품은 사제의 품계를 받기 위한 것으로 여겨졌다. 교회가 왜 교회 직무 수행자들을 점점 더 사제적 개념으로 표현했는지 그 이유에 대해서는 교회사 학자들의 견해도 일치하지 않는다. 일부 학자들은 그런 전개가 "성직을 필요로 했던 고대 종교의 교회에 대한 사회적 억압의 결과"(Bradshaw, *TRE* 416)라고 하고, 또 다른 학자들은 이단과 교회 분열에 대한 투쟁 과정에서 사제의 의미가 점차 확대되었다고 생각한다.

초대 교회에서 사제는 성찬례를 행하는 사명만 지녔던 것이 아니다. 그는 모든 성사를 거행했고 특히 강론에서 하느님의 말씀을 선포하고 그리스도 신자들을 신앙 교리 안에서 가르쳐야 했다. 키프리아누스는 말씀 전례에 대해 말할 때 "사제적 행위"라는 그리스말 '히에루르게인' *hierourgein*을 사용한다. 그는 기쁜 소식을 선포하는 것을 성사 집전과 같은 사제적 행위로 받아들인다.

구약의 사제직에서 직무 수행자의 의미는 축성이 더욱 더 중요해지고 독신제가 점진적으로 관철되는 방향으로 나아갔다. 제식을 수행하는 사람들에게 제의적으로 더 깨끗한 정결성이 요구되었기 때문이다. 티모테오에게 보낸 첫째 서간은 주교는 단 한 번만 혼인할 것을 요구한다(1티모 3,2 참조). 교부 시대에 독신제는 단순히 혼인하지 않는 것뿐만 아니라 금욕으로 이해되었다. 혼인한 사제에게도 일정 기간 금욕함으로써 사제 직무를 준비할 것을 권고했다. 독신제는 중세에 이르러 교황 인노켄티우스 3세(1198~1216년 재위)에 의해 확정되었다. 트렌토 공의회(1545~1563)는 종교개혁의 항변에 맞서 교황을 옹호했다.

사람들은 서품식이 수품자에게 보통 신자들과는 다른 내적인 변화를 가져다준다고 점점 더 믿게 되었다. 니사의 그레고리우스는 서품을 통한 이런 내적 변화를 이렇게 묘사한다: "이러한 말씀의 힘이 사제를 또한 품위 있고 명예롭게, 그리고 새로운 축복을 통해 일단의 평범한 사람들과 구별짓는다. 왜냐하면 그것으로 무리 중의, 백성 중의 한 사람이었던 그가 갑자기 지도자, 원로, 신실함의 교사, 신비 의식을 거행하는 신비가가 되기 때문이다. 몸이나 형태의 변화 없이 그렇게 된다. 이때 그는 겉으로는 지금까지와 다를 바 없는 사람이지만 보이지 않는 영혼에 보이지 않는 힘과 은총이 작용하여 더 나은 사람으로 변형된다"(Bradshaw, *TRE* 417).

교회에서 점진적으로 발전된 사제상은 제물을 바치는 구약의 사제 이미지에 크게 영향 받았다. 이에 따르면 사제는 특히 거룩한 성체성사를 거행하는 사람, 전례를 통해 그리스도의 희생제물을 완성하는 사람이다. 종교사에서 사제를 둘러싸고 있는 다른 모든 원형적 이미지는 거의 주목받지 못했다. 따라서 사제상은 아주 일방적이 되었다. 그리고 이러한 일방적 사제상은 오늘날 여전히 우리의 사고思考에 각인되어 있다. 우리는 사제를 그려 볼 때 특히 성찬례와 성사의 거행을 생각하며 구약의 사제 임무이기도 했던 신앙적 가르침을 여전히 생각할 것이다. 그러나 일련의 원형적 이미지들이야말로 우리에게 사제 신원의 신비를 밝혀 주어 우리 삶을 풍요롭게 하며 사제로 사는 우리에게 의욕을 북돋아 준다.

●●● 종교개혁과 제2차 바티칸 공의회

중세에 이르러 사제는 더욱더 제사에 봉사하는 사람이 되었다. 마르틴 루터는 이에 저항했다. 그에게 사제는 무엇보다 하느님의 말씀을 선포하는 임무를 지닌 사람이었다. 이와 반대로 트렌토 공의회는 교회에는 구약 사제직의 전통을 물려받은 특수 사제직이 있다는 것을 강조했다. 제2차 바티칸 공의회는 종교개혁의 몇 가지 관심사를 받아들였다. 바티칸 공의회는 모든 신자의 보편 사제직에 대해 상세하게 말하고 있다. 그리고 공의회는 사제 직무를 성경의 이미지에서, 즉 예언자 · 사제 · 목자(왕)로서의 예수 그리스도의 이미지에서 더 많은 해석을 이끌어 낸다. 주교와 사제는 그리스도의 세 가지 직무, 즉 예언자직 · 사제직 · 목자직에 참여한다. 제2차 바티칸 공의회는 또 주교와 사제의 관계를 새롭게 정의한다. 주교는 성품 성사의 충만함을 지니며 사제는 주교의 사제적 직무에 참여한다.

제2차 바티칸 공의회 이후 종교일치를 위한 대화에서 두 교회는 사제직에 관해 더욱더 잘 이해하게 되었다. 가톨릭 신학자들은 개신교 신학의 관심사를 파악하여 성경의 말씀에 근거해 사제직을 해석하였고 개신교 신학자들은 사제 신원의 특수한 의미에 대하여 토론하였다. 종교 개혁가들은 사제란 용어를 피하고 설교자 혹은 목사라 칭했다. 그러나 1982년에 교회 일치 위원회는 다음과 같이 설명했다: 직무 수행자는 "당연히 사제로 불릴 수 있다. 그들은 말씀과 성사를 통해, 보편 지향 기도를 통해 그리고 공동체 구성원의 영혼을 돌보며 이끄는 것을 통해 믿는 이들의 왕적 · 예언적 사제직을 강화하고 구축하면서 특수 사제직을 수행하기 때문이다"(Bradshaw, *TRE* 420). 이로써 우리는 종교일치를 위한 대화에서 직무 문제도 서로 더 잘 이해하게 되었다.

11 예식

사도행전은 사도들이 식탁 봉사를 위해 뽑은 일곱 사람에게 안수하고 기도하였다고 전한다(사도 6,6 참조). 이것이 초대 교회 서품의 기원이다. 주교와 신부는 교회 직무를 위해 뽑힌 사람에게 손을 얹고 그를 위해 성령에게 간청하고 성령이 그에게 역사하도록 기도한다. 안수와 서품 기도는 주교 서품, 사제 서품, 부제 서품에서 가장 기본적인 것이다. 안수를 통해 하느님의 은총이 수품자에게 내린다. "안수를 통해 교회 직무에 임명하는 것은 사목서간에 나오는 교회에서는 성사적 행위이다. [⋯] 이 임무를 위한 영적 능력은 직무은총으로서 전달된다. 이것은 구속력이 있으며 지속적인 것으로, 은총의 선물을 언제까지나

소유하게 한다"(Brox, Kleinheyer 25에서 인용). 교회사의 흐름 속에서 이 두 기본 전례에 여러 가지 다른 요소가 덧붙여졌는데, 두드러지는 것이 도유와 제의 수여, 그리고 전례 도구 수여이다. 시간이 흐름에 따라 서품식은 더 길고 복잡해졌다. 제2차 바티칸 공의회 이후 1968년에 주교 서품과 사제 서품 그리고 부제 서품식이 새로 제정·통일되었으며 본질적인 것만으로 축소되었다. 나는 특히 사제 서품식을 다루고 싶다. 덧붙여 주교 서품과 부제 서품의 특수성을 언급할 것이다. 또 수도원장 봉헌식에 대해서도 가볍게 언급하고 싶다. 그리고 이 봉헌식이 다른 봉사와 직무를 인도하는 예식에 자극이 될 수 있는지에 대해서도 생각해 보고 싶다.

a) 사제 서품식

●●● 수품 후보자 소개

사제 서품식은 장엄 미사 중에 거행하되, 말씀 전례가 끝나고 성찬 전례가 시작되기 전에 한다. 사제 서품식은 가능하면 많은 사람이 참석할 수 있는 날에 거행하는 것이 좋다. 서품식은 수품 후보자 선발로 시작된다. 주교의 위임을 받아 후보자를 양성한 지도 신부 가운데 한 사람이 교회의 이름으로 서품 청원을 하고, 질문하는 주교에게 후보자가 성품을 받는 데 아무런 장애가 없음을 교우들 앞에서 공적으로 답변한다. 주교는 후보자들을 사제직에 선발한다고 확언한다. 이어서 주교는 짧은 인사를 한다. 사제 서품식은 주교의 핵심 가치관을 담은 인사말의 모델을 발전시켰다. 이 인사말에 대한 응답으로 수품 후보자들은 주교에게 순명하면서 교회를 위해 최선을 다해서 그들의 사제직을 수행할 것을 주교와 교우들 앞에서 서약한다.

프란츠 캄프하우스Franz Kamphaus 주교는 내 사제 서품식 강론에서 이 전례를 이렇게 해석했다: 젊은 부제들이 주교의 두 손에 그들의 손을 얹는 것은 주교의 원의에 따르기 위해서가 아니다. 주교는 자신의 손으로 구원을 이룰 수 없다는 것을 안다. 수품 후보자들은 두 손을 하느님의 손에 얹는다. "거기서 자유는 대가를 치르고 얻는 것이 아니라 무상으로 얻는다. 하느님은 그들의 손을 감싸지만 그것을 꼭 잡거나 품에 안기 위해서가 아니라 그들이 손을 펼 수 있도록 하기 위해서다. 자신이 하느님께 맡겨져 그분이 함께하고 있음을 수품 후보자들이 안다면, 그들은 편안히 다른 이들에게, 가련하고 고통 받는 사람들에게까지도 마음을 열 수 있을 것이다"(Kamphaus 137).

●●●● 제대 앞에 엎드림

이제 주교는 수품자들을 위해 기도하자고 교우들에게 말한다. 수품자들은 '프로스트라시오'prostratio(제대 앞에 고개

를 숙이고 엎드림) 자세로 바닥에 엎드린다. 그들은 이마를
바닥에 대고 엎드린다. 오랜 전통의 이 자세는 남자가 아
내에게 헌신하듯 사제가 하느님께 자신을 봉헌하는 것을
표현한다. 동시에 이 자세는 하느님께 완전히 의탁하며
자기 자신의 무력과 인간 됨을 고백하는 표현이다. 그들
이 사제품을 받을 만한 공로가 있어서가 아니라 하느님이
그들의 약함에도 불구하고 불러 주셨기 때문에 그들은 사
제로 성품되는 것이다. 수품자들은 바닥에 엎드리고 성가
대는 성인 호칭 기도를 시작하며, 교우들은 응답한다. 성
인 호칭 기도가 끝나면 주교는 일어나서 팔을 벌리고 기
도한다.

●●● 침묵 속의 안수

사제 서품식에서 가장 중요한 예절은 침묵 속에서 이
루어진다. 주교는 말없이 수품자 한 명 한 명의 머리에 손
을 얹고 사제직 수행에 필요한 성령의 은사를 받도록 마
음속으로 기도한다. 주교의 안수가 끝나면 참석한 모든
사제도 수품자에게 안수한다. 단순한 의식이다. 하지만
나이가 적든 많든, 참석한 모든 사제가 차례로 말없이 수
품자에게 안수하는 것은 아주 인상적이다. 이 의식을 행
하면서 사제들은 자신의 사제 수품 때 이루어졌던 것을
기억해 낼 것이다. 각 사제들은 마음속으로 수품자들을
위해 기도한다. 사제직을 수행하는 데 필요한 게 무엇인

지, 어떤 유혹을 견뎌 내야 하는지 그리고 좋은 사제가 되기 위해 어떤 힘을 받아야 하는지 경험으로 알고 있다. 결정적인 것은 침묵 속에서 일어난다. 그것은 인간적인 행위가 아니며 고요한 가운데 성령이 역사하신다는 신뢰이다. 그것은 동시에 사려 깊고 겸허한 의식이다. 어떤 대단한 말로 이루어지는 것이 아니라 미사에 참례한 사제들은 그저 침묵하면서 성령의 은사에 맡길 뿐이다. 인간의 능력이 아니라 성령의 은사가 필요하다.

●●● 사제 서품 기도

긴 침묵 후에 주교는 사제의 중대한 임무가 열거되는 사제 서품 기도를 하는데 때로는 노래로 부르기도 한다. 사제 서품 기도에서 주교는 모세와 칠십 인의 원로들의 관계를 상기한다. 사제는 무엇보다 주교의 협력자로서, 믿음의 교사로서 그리고 하느님 말씀의 선포자로서 묘사된다. 그중에서도 다음 기도문은 서품의 유효성과 관계되는 본질적인 부분이다. "전능하신 아버지, 간절히 바라오니, 주님의 이 종들에게 사제의 품위를 주소서. 이 사람들 속에 성령을 새롭게 하시어, 주님께서 맡기시는 사제 직무를 받아 보존하며, 덕행의 삶으로 모범이 되게 하소서." 이 기도에는 티모테오에게 보낸 첫째 서간의 영靈이 숨쉬고 있다. 이 서간에서 중요한 것은 직무 수행자들이 맡은 선물을 잘 보전하고, 우리의 구원자이신 예수님의 복음 안에서 받아들인 보물을 신실하게 전파하는 것이다. 티모테오 서간의 저자는 그 당시 이미 직무 수행자들에게 자신이 맡은 일에 합당하게 살도록 권고했음이 틀림없다. 사제로 서품되는 사람은 그가 다른 이들에게 무상으로 주게 될 성스러운 뭔가를 반드시 자기 안에 지녀야 한다.

●●● 손의 도유

새 사제들에게 제의를 입혀 준다. 이어서 주교는 새 사제의 손바닥에 축성 성유를 발라 준다. 도유는 항상 성령 수여의 표지이다. 이것을 주교는 도유하면서 말로 표현한다. 사제직을 잘 수행할 수 있도록 성령이 힘을 주어야 한다. 성유를 바른 그 손에서 축복이 흘러나와야 한다. 사제가 주는 모든 성사는 접촉이 이루어지는 성사인데 특히 손으로 접촉하는 성사가 많기 때문이다. 도유는 사람들을 만지고 그들에게 하느님의 사랑을 신체적으로 가까이 가져오는 손이 항상 부드럽기를 기원하는 소망을 표현한다. 또 도유는 빈손에 선물을 주는 성령을 나타내는 표지이다. 두 손은 성령이 임하시도록, 예수님이 몸소 사제의 손을 빌려 사람들을 향할 수 있도록 도구가 되어야 한다.

사제는 종종 두 손이 텅 비어 있음을 느낀다. 그는 빈손으로는 아무것도 줄 수 없다는 것을 안다. 그때 그는 바로 그 두 손이 성령의 도유를 받은 손이라는 것을 기억하게 된다. 사제는 소유하고 있던 것을 주는 것이 결코 아니다.

그가 선포하는 말씀과 그가 나누어 주는 축복을 그도 늘 거듭해서 새로이 받아야 한다. 그가 축복의 원천에 자신을 열 때만, 그가 기도 중에 성령의 깊은 샘과 접촉할 때만, 그의 두 손을 통해 축복이 흘러들 수 있다.

●●● 빵과 포도주 수여

손의 도유가 끝나면 주교는 새 사제에게 빵이 든 성반과 포도주와 약간의 물을 담은 성작을 건네준다. 사제는 성찬 전례 때마다 이 빵과 포도주를 예수 그리스도의 몸과 피로 변화시켜야 한다. 빵과 포도주를 수여할 때 주교는 성변화가 '권한'(potestas)에 의해서가 아니라 성체의 신비로 이루어짐을 암시한다. 이는 사제가 십자가에서의 예수님의 희생을 개인적으로 깊이 이해하고 따르며 살 것을 요청하는 성체의 신비를 뜻하는 것이다. 주교는 이렇게 말한다. "거룩한 백성이 하느님께 바치려고 가져온 봉헌 예물을 받으십시오. 자신이 행하는 것을 알고 실천하며, 주님의 십자가 신비를 삶으로 본받도록 하십시오."

성찬례를 습관적으로 반복하고 있다는 느낌이 들 때면, 사제는 이 예식을 상기하는 것이 좋다. 사제는 마음을 다해 이 예식을 행하며 그것을 그의 전 실존에 대한 이미지로 이해해야 한다. 사제는 온 존재로 사람들을 양육하는 '빵'이 되어야 한다. 성찬례에서 이루어지는 것을 본받음은 그리스도와 함께 자신을 바치고 그리스도가 불러 맡

기신 일과 사람들을 위해 자신을 바칠 준비가 되어 있음을 뜻한다. 사제는 자신의 영혼을 돌보기가 힘겨워지거나 자신의 어둠과 고독을 만날 때마다 십자가 신비를 새삼 기억할 것이다. 사제직은 끊임없는 도전이다. 나는 그냥 사제가 아니다. 나는 매일 성찬례로 거행하는 예수 그리스도의 희생에 더욱 깊이 몰입해야 한다.

●●● 평화의 인사

주교는 새 사제를 온 마음으로 끌어안으면서 평화의 인사를 나눈다. 평화의 인사는 새 사제가 사제 공동체에 받아들여졌으니 사제 공동체를 자기 집처럼 마음 편히 여겨도 된다는 것을 의미한다. 새 사제는 모든 사제와 차례로 평화의 인사를 나눈다. 정해진 형식이 있긴 하지만 개인의 취향이 강하게 드러나는 순서가 바로 여기다. 평화의 인사가 지니는 특징은 가슴에서 우러나오는 사랑과 기쁨이다. 미사에 참례한 사제들은 새 사제를 끌어안으면서 그에게 소망을 빈다. 나 자신의 사제 수품을 회상해 보면 그것은 다양한 체험을 가능하게 했던 배려와 사랑의 순간이었다. 그것은 내게 좋은 체험이었다.

●●● 새 사제들이 공동 집전하는 성찬 전례

성찬 전례는 새 사제들이 주교와 다른 사제들과 함께 공동으로 거행한다. 새 사제들은 서품식 때 받은 성작과 성반으로 미사를 집전한다. 이들은 이 세상 분열과 갈망의 표지인 빵과 포도주를 하느님 영역으로 들어 올린다. 새 사제들은 성령이 오시어 빵과 포도주 예물을 그리스도의 몸과 피로 변화시켜 주도록 그들의 축성된 두 손을 펴서 예물 위에 얹는다. 그들은 성체와 성혈이 될 예물 위로 두 손을 펴 드는 것이 엄청난 일이라는 것을 안다. 이런 행위는 예물을 통해 예수님의 죽음과 부활의 신비를 드러내는 것이기 때문이다. 그때 주교가 빵과 포도주 예물을 주면서 새 사제에게 하는 말이 실현된다. "주님의 십자가 신비를 삶으로 본받도록 하십시오." 영성체 때 새 사제는 신자들에게 그리스도의 몸과 피를 나누어 준다.

●●● 새 사제의 축복

주교의 축복이 끝나면 새 사제들은 참석한 모든 사람에게 사제로서 첫 축복을 준다. 이 첫 축복을 둘러싸고 많은 이야기가 전해 오고 있다. 새 사제의 축복을 받기 위해서는 몇 켤레의 신발이 필요하다는 옛이야기도 있다. 이 이야기는 새 사제의 첫 축복이 얼마나 소중한지 말해 준다. 말하자면 성령의 힘이, 지치고 타성에 젖은 옛 사제의 손보다 새 사제의 손으로 더 활기차게 흐르고 있음을 드러낸다. 이것은 성령이 우리 안에 새롭게 역사하기를 소망한다는 뜻이다.

b) 주교 서품식

교회사의 흐름 속에서 신학자들은 주교 서품이 사제 서품과 어떤 관계가 있는지에 대해 논쟁을 거듭해 왔다. 사제 서품식에서 무엇보다 성찬 전례에 대한 전권을 보았던 신학자들은 주교 서품이 독자적인 성사라는 것을 부인했다. 제2차 바티칸 공의회는 이 해묵은 논쟁거리에 대해 오직 주교에게만 성품성사가 온전하게 이루어진다는 것을 명백히 했다: 신부는 주교의 사제직에 참여할 뿐이다. 사제는 주교의 모델이 아니다. 그 반대다. 사제란 본디 주교를 의미했다. 오직 주교만이 성품성사를 수여할 수 있다. 그리고 주교는 또 본디 견진성사를 수여하는 사람이다. 신부는 주교의 협력자이고 사제직에 참여할 뿐이다.

주교 서품식은 사제 서품식과 순서가 같다. 그런데 수품 후보자를 소개할 때 그를 주교로 임명하는, 교황의 교서를 낭독한다. 주교는 지역교회의 수장으로, 교회 전체와도 연결되어 있다. 이제 서품식에 참석한 주교들이 안수한다. 이렇게 해서 새 주교는 확실히 주교단의 일원이 된다. 주교 축성 기도 때 새 주교의 머리에 복음서를 얹는다. 주교는 성경 말씀을 전할 의무가 있다. 그는 사도의 가르침을 전해야 한다. 축성 기도에서 특히 인도하는 사명, 주교의 사목직이 강조된다.

또 도유 예식도 사제 서품 때와는 다르다. 새 주교의 두 손은 사제 서품 때 이미 도유되었기에 이제는 머리에 성유를 바른다. 그것으로 교회의 머리는 주교가 아니라 그리스도라는 것을 표현한다. 또한 주교는 오직 성령의 힘으로만 교회를 이끌 수 있다. 이어서 새 주교에게 복음서가 수여된다. 주교의 예언적 임무가 사목직에 이르게 된다. 주교는 성경을 우리 시대에 맞게 해석하여 개인뿐만 아니라 사회를 위해서도 영감과 길잡이의 원천이 되도록 전해야 한다. 이어서 그에게 반지와 주교관을 씌워 주고 지팡이를 준다. 이때 주례 주교는 새 주교에게 주교관을 씌워 주면서 이렇게 말한다. "사목직의 표지인 주교 지팡이를 받으십시오. 성령께서 그대를 하느님의 교회를 다스리는 주교로 세우셨으니 모든 양 떼를 돌보십시오."

주교는 착한 목자 예수님을 본받아야 한다. 착한 목자 예수님은 당신 양 떼를 알고 양 떼를(백성을) 위해 당신의 생명을 바치신다. 목자는 모름지기 다스리는 사람이 아니라 섬기는 사람이다. 이것이 주교에게 주어진 사목자의 직무다. 서품식을 마칠 때 새 주교에게 씌워 주는 주교관은 주교가 이제 막 시작하는 다스림의 상징이다. 그러나 이 예식은 주교가 세속적 의미의 지배자로서 다스림에 익숙해지면 안 된다고 주의를 환기시킨다. 새 주교에게 적합한 예수님 말씀은 이렇다: "민족들을 지배하는 임금들은 백성 위에 군림하고, 민족들에게 권세를 부리는 자들은 자신을 은인이라고 부르게 한다. 그러나 너희는 그렇게 해서는 안 된다. 너희 가운데에서 가장 높은 사람은 가장 어린 사람처럼 되어야 하고 지도자는 섬기는 사람처럼 되어야 한다"(루카 22,25-26).

c) 부제 서품식

초대 교회에서 부제직은 독립 직무였다. 사도행전에서 루카는 사도들이 기도와 말씀 봉사에만 전념하려고 일곱 남자를 뽑아 식탁 봉사를 청했다고 보고한다. 교회사의 흐름 속에서 부제 직무는 사제품을 준비하는 단순한 중간 과정으로 변해 버린다. 사제 서품 전에 먼저 부제품을 받아야 한다. 그러나 그 자체로는 별 의미가 없다.

제2차 바티칸 공의회는 부제 직무를 재평가해서 독립 직무로 부활시켰다. 사제가 되는 것을 생각하지 않는 종신 부제직도 있다. 그래도 부제 서품식에는 여전히 긴장감이 있다. 수품자들이 종신 부제가 되거나 혹은 이 직책을 단지 사제 서품을 받기 위한 준비 단계로 이해하기 때문이다.

부제 서품식도 사제 서품식과 비슷한 순서로 진행된다. 안수 예식까지는 거의 같다. 부제 서품식에서 안수는 사제단이 아니라 오직 주교를 통해서만 이루어진다. 그리고 부제 서품 기도는 사제 서품 때와는 다른 시각을 드러낸다. 여기서도 거듭 부제에게 요구되는 직무가 강조된다. 주교는 이렇게 기도한다. "섬김을 받으러 오신 것이 아니라 섬기러 오신 성자를 지상에서 충실히 본받다가 천상에서 그분과 함께 다스릴 수 있게 하소서."

서품 기도 후에 새 부제에게 전례복이 수여된다. 목에 부제 영대를 걸쳐 주고 부제복도 입혀 준다. 이어서 주교는 새 부제에게 복음서를 건네주면서 말한다. "그대는 이제 복음 선포자가 되었으니, 그리스도의 복음을 받으십시오. 읽은 것을 믿고, 믿은 것을 가르치며, 가르치는 것을 실천하십시오." 부제복 착복과 복음서 수여는 무엇보다 전례 때의 부제 직무를 강조하기 위한 것이다. 부제는 성찬 전례 때 사제를 보좌하고 하느님의 말씀을 선포해야 한다. 그러므로 부제도 사제처럼 성경 말씀을 묵상하여 그 말씀이 자기 마음을 움직여 변화할 수 있도록 항상 노력해야 한다. 말씀에 마음이 움직일 때만, 치유하고 해방하며 일으켜 세우라는 뜻으로 알아들을 수 있을 것이다.

d) 그 밖의 봉헌식

●●● 동정녀 봉헌식

교회는 전통적으로 주교·신부·부제의 봉헌 외에 다른 봉헌, 특히 동정녀 봉헌식과 수도서원 예식을 행하고 있다. 동정녀 봉헌식은 4세기부터 있었다는데, 그 당시에는 영적 공동체의 여성들로 제한하지는 않았다. 그러나 그 후 동정녀 봉헌식은 오직 수녀들만 해야 한다는 움직임이 있었다.

1970년대에 이르러 이 예식은 영적 공동체에 속해 있진 않으나 세속에서 독신으로 살고 싶어 하는 여성들도 할 수 있게 배려하였다. 동정녀 봉헌식은 교회에서의 여성의 지위와 다양한 직무를 존중하여 거행된다. 여성의 직무는 신자들의 복지에 기여한다. 봉헌기도는 남성 중심의 교회에 지대한 영향을 미칠 수 있는 여성의 영적 재능을 보여 준다. 교회가 영적으로 메마르지 않으려면 여성의 영적 체험을 도외시하지 말아야 한다.

현대 여성들은 성性에 대한 교회의 전형적인 평가절하가 동정녀 봉헌식에 스며들어 작용하고 있다고 비판한다. 하지만 단지 동정녀 봉헌식만 있는 것이 아니다. 여성이 성과 모성의 가치를 체험하는 혼인성사도 있다. 오늘날 독신자들이 점점 더 많아지고 있기 때문에 동정녀 봉헌은 여러 가지로 그 의미를 유지할 수 있다.

독신을 선택한 여성들은, 독신 생활이 배우자를 찾지 못해 겪는 어려움이 아니라 그 자체로 상당한 의미가 있다는 것을 이 예식을 통해 느낄 수 있을 것이다. 동정녀란, 성적으로 무관심하거나 무감각하다는 것이 아니라 자유롭다는 뜻이다. 남자가 아니라 하느님을 통해 풍요로워지며 하느님과 인간 관계를 통해 자신의 정체성이 확립된다는 뜻이다.

●●● 수도원장 봉헌식

　수도원장 봉헌식은 남녀가 동등함을 보여 준다. 수녀원장과 수도원장은 수도공동체 장상 직책으로 봉헌된다. 그들은 그들 직무의 표지로서 반지와 지팡이를 받는다. 그들은 목자다. 남성이든 여성이든 같은 방식으로 그들의 공동체를 이끌고 예수님의 목자 직무를 나누어 가진다. 반지는 수도원장(수녀원장)이 그리스도와 결합되어 있으며 동시에 그들이 더욱더 그리스도 안에서 성장하도록, 그리스도에 의해 변화할 수 있도록 영적으로 일해야 한다는 것을 상징한다.

●●● 그 밖의 교회 직무를 위한 봉헌식?

　동정녀 봉헌식과 수도원장 봉헌식은 남녀 공히 그들의 직무에로 임명되는 다른 봉헌과 예식의 모델이 될 수 있다. 문제는 사목 협조자와 교회(공동체) 봉사자들 역시 고유한 예식으로 그들의 직무에 임명될 수는 없는가 하는 것이다. 직무 수행에 임명하는 것이 형식적인 위임에 그쳐서는 안 될 것이다.

　모든 봉헌식은 상징을 통해 이루어진다. 그러한 임명이 마음에 와 닿으려면 표지가 필요하다. 성체 분배자, 평신도 등과 같은 다른 많은 교회 직무를 위해서도 그 직무를 가시화할 수 있는 예식을 생각해 볼 수 있다. 스위스의 심리학자 칼 구스타프 융C.G. Jung은 그런 예식을 통해 에

너지를 얻는 데 예식의 효과가 있다고 말한다. 예식을 치르는 사람은 그의 직무가 단지 책임만 의미하는 것이 아님을 깊이 경험한다. 그는 예식 중에 거룩한 에너지의 샘에 푹 잠긴다. 그 샘은 아무리 퍼내도 마르지 않는다. 옛사람들은 사제에게 특별한 힘(mana)이 있다고 생각했다. 이 힘은 예식 때 사제에게 분유分有된다. 동시에 이 예식은 그의 임무에 온전히 몰입하는 것이고 그에게 맡겨진 직무를 연습하는 것이다.

●●● '세속' 직무와 소명을 위한 봉헌식?

이 밖에 봉헌식은 사람에 대한 축성으로도 확대될 수 있다. 예컨대 시장市長, 새 교장 혹은 회사의 새 사장이 취임할 때 봉헌하는 것은 어떨까? 교회는 풍부한 경험으로, 위임과 봉헌식을 통해 어떤 파견이든 하느님으로부터 오며 어떤 직업이든 결국은 하나의 소명이라는 것을 사람들이 느끼게 해 줄 수 있을 것이다. 하느님은 우리 한 사람, 한 사람을 모두 부르신다. "사람은 혼자 힘으로는 할 수 없는 일에 부르심을 받는다"(Hemmerle 1067). 누구나 자신의 재능을 사람을 섬기는 데 쓰도록 부르심을 받는다. 세속 직무로의 부르심(과 선택)은 지금까지 자신 안에서 발견하지 못한 것을 일깨운다. 예식은 자신만의 고유한 부르심과 재능으로 우리를 자극할 수 있고 이러한 자극은 에너지와 판타지와 창조성의 원천이 될 수 있다.

따라서 세속 직무에서도 하느님의 부르심과 파견을 중
재하기 위해 사람들에게 적절한 예식을 베푸는 것은 교회
의 고유한 임무일 것이다.

Ⅲ 사제 생활

a) 신자들의 보편 사제직

세례 때 모든 그리스도인은 사제요 왕이며 예언자로 도유받는다. 사제의 신원은 본질적으로 우리 그리스도인의 실존에 속한다. 제2차 바티칸 공의회는 세례 받은 신자들의 사제직을 이렇게 설명한다.

> 세례 받은 사람들은 새로 남과 성령의 도유를 통하여 신령한 집과 거룩한 사제직으로 축성되었기 때문에, 그리스도인들은 인간의 모든 활동을 통하여 신령한 제사를 바치며 그들을 어두운 데에서 당신의 놀라운 빛 가운데로 불러 주

신 분의 능력을 선포한다(1베드 2,4-10 참조). 그러므로 그리
스도의 모든 제자는 끊임없이 기도하고 하느님을 함께 찬
양하며(사도 2,42-47 참조), 자신을 하느님께서 기쁘게 받아
주실 거룩한 산 제물로 바치고(로마 12,1 참조) 세상 어디에
서나 그리스도를 힘차게 증언하며, 설명을 요구하는 사람
들에게는 영원한 생명에 대하여 자신들이 간직하고 있는
희망을 설명해 주어야 한다(1베드 3,15 참조). … 신자들은
자신의 왕다운 사제직의 힘으로 성찬의 봉헌에 참여하며,
여러 가지 성사를 받고 기도하고 감사를 드리며 거룩한 삶
을 증언하고 극기와 사랑을 실천함으로써 사제직을 수행한
다(「교회헌장」 10항).

이런 추상적인 말들이 사제로서의 내 개인적인 실존에 무
슨 의미가 있는가? 이러한 말들을 배경으로, 또 사제의
원형적 이미지를 배경으로 내가 이해하고 있는 사제로서
의 나의 신원에 대해 쓰고 싶다. 이때 중요한 것은 우선
모든 그리스도인에게 해당하는 보편 사제직이다.

　나는 사제 수품 때 도유받는 것이 내게 무엇을 의미
하는지 이야기하고 싶다. 그런 다음, 수품 받은 사제로
서의 나 자신을 어떻게 이해하는지, 직무 사제직을 보
편 사제직과 구분 짓는 것이 무엇인지를 설명해 보려
한다.

제2차 바티칸 공의회의 첫 명제는 "신령한 제사를 바치는" 사람으로서의 사제와 관련된 것이다. 이것은 나에게 무엇을 의미하는가? "제사를 바친다"라는 말은 지상의 것이 하느님께 속한다는 것을 고백하기 위해 지상의 것을 거룩한 영역으로 들어 올리는 것이다. 또 제사를 바치다, 즉 봉헌한다는 것은 뭔가 지상적인 것을 신성한 것으로 변화시키는 것이다. 따라서 사제는 모든 일상 속에서 내가 하느님께 속해 있고, 자신의 일이 아니라 하느님의 일을 하고 있다는 것을 드러내 보여야 한다. 또 내가 일하며 사는 방식을 통해 인간을 위하시는 하느님을 사람들이 보고 체험할 수 있어야 한다는 것이다. 결국 "모든 일을 하느님의 영광을 위해" 하는 베네딕도회 모토의 실현이다(『베네딕도 규칙서』 57,9). 속세의 것을 거룩한 것으로 변화시키는 여정은 기도로 가는 길이다. 말하자면 내가 모든 지상적인 것을, 즉 내 일, 내 육신, 나의 영혼을 그 심연과 상처와 함께 하느님께 바치고 그분이 이 모든 것을 그분의 빛과 사랑으로 뚫고 지나가시도록 청원하는 기도를 통해서만 가능한 길이라는 것을 의미한다. 하느님은 나의 강함뿐만 아니라 나의 약함을 통해서도 이 세상을 비추고 싶어 하신다.

지상적인 것이 신성한 것으로 변화하는 것은 제2차 바티칸 공의회가 사제의 직무로 여긴, 하느님을 찬양하는

일을 통해서도 이루어진다. 나는 하느님을 온 세상의 창
조주로 찬양하면서 다른 빛 안에서 피조물을 본다. 나는
더 이상 세상의 문제에 고착되어 있지 않다. 하느님을 찬
미할 때, 온 피조물을 관통하는 하느님의 아름다움이 그
빛을 드러낸다. 하느님을 찬미하기 위해 그리스도인들이
함께할 때 그들은 사제 직무를 완성하는 것이다. 특히 파
이프 오르간 연주자, 지휘자와 성가대는 하느님을 찬미할
때 사제직에 합당하게 참여하게 된다.

●●● 증언

제2차 바티칸 공의회는 사제의 두 번째 직무가 하느님
의 위업을 선포하고 "세상 어디에서나 그리스도를 힘차
게 증언"하는 것이라고 한다. 이것이 세상 그리스도인들
의 사명이라고 공의회는 밝히고 있다. 하느님 말씀의 선
포는 직무 사제의 임무일 뿐만 아니라 모든 그리스도인,
특히 신학자·작가·시인 들의 임무이기도 하다. 여기저
기 거리 모퉁이에서 예수님의 복음을 말하는 것을 선포
직무로 이해하는 사람이 많다. 때로는 그렇기도 하다. 그
러나 선포 직무는 종종 고통스럽고 부담스럽게 수행되기
도 한다.

제2차 바티칸 공의회는 다른 종류의 선포를 염두에 두
고 있는데, 말하자면 그리스도인들은 "설명을 요구하는
사람들에게는 영원한 생명에 대하여 자신들이 간직하고

있는 희망을 설명해 주어야 한다"는 것이다. 일하는 세상 한복판에서 나는 나의 믿음으로 서 있어야 한다. 그리고 사람들에게서 무엇으로 사는지 질문을 받으면 내 희망의 근거를 대야 한다. 내 삶이 주변 사람들의 호기심을 자극할 때, 또 내가 일하며 그 사람들에게 다가가고 그들과 말을 나누는 구체적인 내 방식에서 그들에게 설득력이 있고 그들 자신은 알지 못하는 무엇인가를 암시하고 있는 것을 볼 때만 증언은 믿을 만한 것이 된다. 내 삶이 그리스도를 반영할 때 비로소 내가 그리스도를 증언하는 일이 신뢰를 받을 수 있다. 그렇지 않으면 단지 말에 그치고 만다. 그리고 어디서나 하느님에 관해 이야기하는 이런 절실함 속에는 뭔가 특별하고 싶은, 다른 사람보다 우월하고 싶은 욕구가 동반되는 때도 많다.

●●● 전례 거행

제2차 바티칸 공의회의 진술 외에 사제의 신원을 이해하는 데 중요한 것은 종교의 역사가 제공하는 원형적 이미지다. 이 원형적 이미지는 지나친 요구를 하기보다는 내 안의 뭔가를 움직이게 만든다. 다만 위험한 것은 이 원형적 이미지를 나와 동일시하는 것이다. 그러면 나는 자신의 욕구에 눈이 멀게 된다. 그러나 내가 나를 움직이고 내게 도전하는 힘으로 원형의 이미지들을 이해하게 되면 어떤 가능성이 내 안에 감추어져 있는지 발견할 것이다.

나는 사제로서의 내 실존의 본질을 분명히 밝혀 주는 몇 가지 이미지를 끄집어내고자 한다.

사제는 전례 전문가다. 우리는 오늘날 전례의 치유 효과를 새롭게 느끼고 있다. 내가 나의 하루를 아름답고 좋은 의식으로 시작하고 마감하면 나는 자신을 사제로 경험한다. 의식은 나의 삶에 하늘을 열어 준다. 의식은 치유하시는 사랑의 하느님께서 나의 구체적인 일상, 즉 여명의 아침과 고단한 저녁에, 일을 시작하고 끝낼 때, 또 함께 나누는 식사에서, 일과 관련된 많은 상담에서 가까이 계시다는 것을 실감나게 한다. 의식은 늘 손쉬운 것이다. 나는 양초에 불을 붙이고 내 두 손을 모아 숨을 내쉬고 들이쉬면서 간단히 기도한다. 그리고 이런 구체적인 행위에서 내게 약속하시며 내 삶을 성취시키는 분으로서의 하느님 체험이 가능해진다.

야곱은 그 꼭대기가 하늘에 닿아 있는 층계의 꿈을 꿀 때 머리에 베었던 돌을, 치유하시는 하느님을 가까이 느낄 수 있는 기념 기둥으로 세운다(창세 28,10-22 참조). 나는 의식을 행하며 멀리 계신 하느님을 내 안으로 들어오게 한다. 그때 하느님은 내면화된다. 야곱은 기념 기둥에 기름을 붓는다. 단단한 돌(기둥)을 부드럽게 다루는 것이다. 의식을 행할 때 내 일상에서 방해가 되던 것들은 하느님의 부드러운 사랑의 표지로 변화한다.

● ● ● 세속에서 거룩한 것을 보호하기

사제는 거룩한 곳을 지키는 사람이다. 그는 손을 들어 거룩한 것을 보호한다. 이것 또한 우리 사제들에겐 아름다운 모습이다. 각자의 내면에는 이 세상과 구분되는, 세상의 어떤 힘도 미칠 수 없고 어떤 간섭도 할 수 없는 거룩한 터가 있다. 하느님 친히 머무르시는 우리 내면의 고요하고 거룩한 공간이다. 사제적 인간으로서 우리는, 우리와 사람들을 위해 뭔가 치유하는 힘이 거룩한 것으로부터 나오도록 우리 안의 이런 거룩한 터를 보호한다.

그러나 사제들은 또한 그들의 이웃에게서 직감적으로 거룩한 것을 본다. 사제들은 이웃에게서 모든 인간적 규정을 벗어난 성성聖性을 보는 것이다. 사제들은 이 세상에서 거룩한 것을 보호하여 세상으로 하여금 그 자신의 협소함에 질식되지 않고 세상의 힘에서 벗어나 있는 것에, 또 세상이 치유되고 존속되는 데 꼭 필요한 것에 자신을 열어 놓는다. 이것은 거룩한 시간(예컨대 일요일)과 거룩한 장소(교회와 성지)를 책임지고 지키는 데서 구체적으로 드러난다.

● ● ● 사랑의 불 지키기

사제는 사랑의 불을 지킨다. 불은 열정과 사랑의 이미지이다. 불은 정결하지 못한 모든 것을 태워 버리며 따뜻하게 한다. 아궁잇불은 모든 민족에게 거룩한 것이다. 그것은 한 가족의 삶을 계속해서 가능하게 하는 보증이다. 아궁잇불은 가족에게 먹을 것을 주고 따뜻하게 해 주도록 늘 돌본다. 사제로서 내면에 거룩한 사랑의 불을 지니고 그 내면의 불이 다 타 버리지 않도록 하는 사람은 이 세상이 따뜻하고 생기 있게 유지되도록, 사랑이 사람들의 마음에서 꺼지지 않도록, 그리고 실제로 그들을 성장시켜 주는 뭔가를 지니고 있도록 하는 데 기여한다. 헨리 나웬은 영적인 삶이란 내면의 불을 지키는 것이라고 한다. 나웬은 늘 내면에 있는 난로의 문을 열어 놓아 그 불이 다 타 버린 사람들에 관해 이야기한다. 내면에 있는 난롯불이 활활 타오르게 하기 위해서는 고요함과 기도가 필요하다. 또 우리가 내면의 불을 지킬 때 사람들은 우리 난롯가에서 심신을 녹이며 푹 쉴 수 있을 것이다.

●●● 하느님 뜻에 눈뜨기

사제는 하느님의 흔적을 사람들에게서 찾아내고 꿈이나 신탁(예언)에서 드러난 하느님의 뜻을 사람들에게 구체적으로 해석해 주는 임무를 지니고 있다. 그래서 사제에겐 사람들 사이에 숨겨져 있는 하느님의 의도를 알아내는 시선이 필요하다. 그는 우리 삶의 사건과 마음의 잔잔한 느낌에서 하느님의 흔적을 읽어 내고 이해하는 것을 배웠다. 내가 세례 때 한 아이를 사제로 도유하면, 이 아이가 자기 마음과 사람들의 마음에서 하느님의 자취를 발견하고 해석할 수 있도록 아이가 하느님께 눈을 열어 놓을 수 있기를 소망하는 것이다. 자신이 이끄는 양들의 영혼에서 하느님의 조용한 맥박을 감지하는 모든 목자와 영적 지도자는 사제의 과제를 수행하는 것이다. 그들은 인도받는 사람이 하느님의 뜻을 알도록 그들의 눈과 귀를 연다. 하느님의 뜻은 우리의 성화이다(1테살 4,3 참조). 하느님은 우리가 거룩하고 온전해지기를 원하신다. 그 눈이 하느님의 뜻에 열려 있는 사람은 자신이 거룩해지며 진정한 본질을 발견하도록 스스로를 돕는다.

●●● 참자아의 길

사제는 사람들을 하느님과 인간의 신비로 안내한다. 사제는 참자아를 찾아가는 여정의 협력자다. 사제는 자신을 봉헌할 뿐만 아니라 다른 사람들도 삶의 신비로, 또 인간의 삶을 변화시키고 사람마다 고유한 방식으로 그 영광을 드러내고 싶어 하시는 하느님의 신비로 이끌어 들인다. 이 신비를 전수하는 것은 고대에는 주로 비의秘儀 때 이루어졌다. 그러나 오늘날에는 개개인이 자신의 소명을 발견하는 개인피정에서 이루어진다고 나는 믿는다. 또 참여하는 사람들이 함께 자신의 고유한 길을 찾아가는 영적 동행에서 이루어지기도 하고 혹은 의식을 행하면서 우리가 진정으로 우리 자신이 되어 가는 여정에서 습득하기도 한다.

사제로서의 내 실존의 신비를 밝혀내는 마지막 원형 이미지는 축복하는 자로서의 사제이다. 축복한다는 것은 내게 두 가지 의미를 지닌다.

하나는 어원에서 파생된 의미이다. '축복하다'라는 말은 라틴어 세카레secare와 시냐레signare에서 파생하며 본디 '표시를 갖고 있다', '봉인하다', '새기다', '십자 성호를 긋다'라는 뜻을 지닌다. 자녀들과 헤어질 때 자녀의 이마에 십자 성호를 긋는 부모가 많다. 그것으로 부모는 하느님께서 자녀들을 보호하고 온전히 사랑하시므로 자녀들에게 매사 좋은 일이 일어나리라는 것을 표현한다. 부모들은 십자가에서 돌아가시기까지 우리를 사랑하신 그리스도의 사랑을 자녀들이 몸으로 느끼도록 아이들 몸에 십자 표시를 새겨 넣는 것이다. 그 밖에 십자 성호는 '당신은 하느님의 사람이다. 당신은 자유롭다. 왕이든 황제든 당신에게 힘을 행사할 수 있는 사람은 아무도 없다'는 것을 표현한다.

'축복하다'는 말이 지닌 또 다른 의미는 '잘 말하다, 좋은 것을 말하다'라는 뜻을 지닌 라틴어 베네디체레benedicere를 번역한 것으로 '좋은 것을 말하다'이다. 따라서 나에게 사제 됨은 사람에게 좋은 말을 건네는 것, 그에 관해 좋은 것을 말하는 것, 그리고 그에게 치유하고 사랑하시는 하느님이 가까이 계시다고 말하는 것을 의미한다. 누군가를 축복한다는 것은 하느님의 생명력으로 충만해질 것을 내가 그 사람에게 확실히 약속해 준다는 뜻이다: "당신은 축복을 받았습니다. 당신은 하느님의 사랑으로 충만해 있습니다. 하느님은 당신에게 많은 재능을 선물하였습니다. 당신의 재능, 당신의 존재 자체가 우리에게 하나의 축복입니다. 당신이 존재한다는 것은 좋은 일입니다. 당신으로 인해 하느님의 생명이 충만하게 현존하고 있습니다."

b) 직무 사제직

내가 보편 사제직에 대해 쓴 것은 직무 사제에게도 해당된다. 그럼에도 불구하고 직무 사제를 보편 사제직과 구별하는 것은 무엇인가 하는 의문이 남는다. 직무 사제의 특수성은 무엇인가? 내가 사제로서의 나 자신을 바라보면 사제의 원형 이미지가 중요해진다. 성체성사를 거행할 때, 강론할 때, 또 고해성사를 줄 때 나는 특별한 방식으로 내가 사제라는 것을 경험한다. 그런데 직무 사제의 특수성은 성사를 거행하는 데만 있는가?

직무 사제를 일반 사제와 구분하는 특별한 차이점에 관해 나는 계속 질문할 필요를 느끼지 않는다. 나는 둘 사이의 차이점으로 나 자신을 정의하기보다는 긍정적인 진술로 자신을 정의한다. "네가 아니고 나다"라고 말하는 것은 다른 사람과 나를 특별히 구분하고 나를 다른 사람보다 높게 평가하는 것이리라. 그래서 나는 자신을 사제로서 어떻게 긍정적으로 보고 있는지 말하기 위해 성품성사 예식에서 몇 가지 이미지를 묵상하고 싶다. 나는 사제로서의 나의 신원을 다른 사람의 힘을 빌리지 않고 그리스도인으로서의 나의 실존이라는 특별한 방식으로 이해하고 싶다. 그럴 때 나는 내 서품식에서 들었던 프란츠 캄프하우스 주교의 강론에 자극을 받는다. 내가 받은 성품성사 예식을 기억함으로써 사제로서의 내 신원의 신비를 이해하고 매일 되풀이되는 지루한 일상에서 그 예식을 늘 새롭게 바라보게 된다.

●●●● 손 ─ 사제의 도구

사제 서품에서 가장 중요한 예식은 말없이 하는 안수이다. 하느님께서 친히 그분의 손을 내 위에 올려놓으신다. 그것은 내가 단지 내 임의대로 살 수 없다는 것을 의미한다. 하느님께서 나를 축복하시고 성령으로 충만케 하시기 위하여 당신의 손을 나에게 올려놓으셨다. 이것은 내게는 끝없는 도전이다. 정말 중요한 것은 나의 능력이 아니라 성령이 나를 꿰뚫고 지나가도록 하는 것이다. 나는 내가 아닌 하느님을 선포하고 내 능력이 아닌 하느님의 권능을 형상화하고 묘사해야 한다. 이것은 기도와 묵상으로 내면의 샘과 늘 새롭게 접촉할 때만 가능해진다.

단지 내가 습득한 것에만, 또 나 자신의 힘에만 의지할 때 사제로서의 나의 힘은 빨리 소진될 것이다.

하느님께서 당신의 손을 내게 올려놓으시면, 그것은 축복일 뿐만 아니라 때로는 부담이 되기도 한다. 예언자 예레미야는 "당신 손에 눌려 홀로 앉아 있습니다"(예레 15,17)라고 하느님께 탄식한다. 하느님의 손이 나를 누르시면 나는 고독 속에 있게 된다. 나는 나의 체험을 모두에게 알릴 수 없다. 하느님의 손에서 보호받지만 때로는 바로 하느님의 손 때문에 엉망으로 흔들리게 된다. 사람들에게 기쁜 소식을 전하라고 보내셨던 예수님 위에 머물듯 하느님의 손은 내 위에도 조용히 머무르신다. 그렇게 하느님 권능의 손은 내가 나에게서, 내 삶의 진실에서 달아나고 싶어 하는 바로 그때도 나를 꽉 잡으신다. 나는 거듭 나 자신에게 묻는다: 내가 진실로 하느님께 눌리고 싶은 건지 아니면 내가 기대하는 것을 그저 행하고 싶은 건지. 내가 하느님께 사로잡힐 때만 나는 '사로잡힌 자'로서 그분의 말씀을 전파할 수 있을 것이다.

나의 두 손은 사제품을 받을 때 성유로 도유되었다. 성유는 성령의 상징일 뿐만 아니라 자비로운 하느님 사랑의 상징이기도 하다. 그렇게 두 손은 하느님의 사랑을 나누도록 늘 새롭게 상기시킨다. 중요한 것은 모든 것을 잘 알며 사제직을 두루 잘 수행하는 것이 아니라 사람들을 부드럽게 어루만지며 그들이 하느님의 선하신 손 안에 있다는 것을 전하는 것이다. 하느님께서는 그분의 이름을 나의 손에 써 주셨고 또 그분 손에 나의 이름이 쓰여 있다.

나는 내 두 손이 비어 있음을 이미 충분히 경험했다. 나는 아무것도 가진 것이 없다. 나는 하느님의 신비를 파악하지 못한다. 나는 나 자신도 모른다. 그렇지만 이 두 손을 주어야 한다. 하지만 이 손은 늘 새롭게 받아들인 것만을 줄 수가 있다. 한편으로 내가 나의 비어 있는 두 손으로도 줄 수 있다는 것은 내게 위로가 된다. 비어 있는 손만이 하느님께서 늘 새로이 놓아주시는 것을 받아들일 수가 있다. 그러나 때때로 나는 '손에 가지고 있는 것'이 아무것도 없음을 고통스럽게 체험한다. 내가 강론할 때의 말들은 더 이상 진실이 아니다. 나는 그것을 반복할 수 없다. 그것을 반복한다는 것은 공허한 말에 불과하다. 내가 배운 것은 손가락 사이로 사라져 버린다. 나는 내 일에서 더 이상 성공할 수가 없다. 힘들게 노력했음에도 미사 집전에 제대로 몰입할 수 없었다는, 고통스러운 체험을 하는 사제가 많다. 사제라 이름하는 것은 늘 다시금 나의 무기력을 고백하고 나의 텅 빈 두 손을 하느님께 바치는 것을 의미한다. 그러나 봉헌된 두 손은 내게는 희망의 표징이다. 하느님의 강복이 너무 빨리 손을 통해 내리기 때문에 이 두 손이 그분의 강복을 전혀 느끼지 못할지라도 두 손이 하느님의 강복을 계속 전해 주고 있다는 희망의 표징 말이다.

●●● 인간을 위한 빵과 포도주

빵과 포도주 예물은 사제 직무의 놀라운 상징이다. 나는 공동체의 예물을 신성한 영역으로 끌어올린다. 나는 인간의 관심사를 하느님 앞으로 가져오는 것으로 나의 일을 이해한다. 물론 모든 그리스도인은 사제적 인간이다. 그들은 하느님께 직접 다가갈 수 있고 내 중재를 필요로 하지 않는다. 그러나 나는 사람들이 나에게 그들을 위해 기도해 주고, 그들의 근심과 곤궁을 성찬 전례 때 받아들여 달라고 부탁하는 것을 늘 느끼고 있다. 나는 나 자신만을 위한 사제가 아니다. 빵과 포도주는 내게 사람을, 그들의 일과 노고를, 삶에 대한 갈망을 보여 주며, 또한 파트너에게서 체험하는 것과 같은 부서지기 쉬운 그런 사랑이 아닌 튼튼한 사랑에 대한 열망을 보여 준다. 사제로서 나는 나를 둘러싼 일부분의 세상이라도 치유받도록 이 세상에 봉헌되어 있다. 나는 사람들에게 봉사하기 위해 성찬례를 거행하도록 위임받고 있을 뿐만 아니라 내 전 존재는 가난한 이들을 위해, 또 스스로 기도조차 할 수 없고 모든 희망이 메말라 있는 소외된 사람들을 위해 있다.

●●● 부활의 옷

성품성사가 거행될 때 내게 제의가 입혀졌다. 그리스도는 이 옷으로 나의 모든 것을 가져갔다. 나는 그분 영광의 옷을 입었다(갈라 3,27 참조). 내가 성찬례를 거행하면 나는 그리스도를 입도록, 또 그분과 함께 성장하도록 요청받는다. 바오로 사도는 우리가 "마음에서 우러나오는 동정과 호의와 겸손과 온유와 인내를"(콜로 3,12) 입을 것을 권유한다. 중요한 것은 아름다운 옷을 입음으로써 사람들과 나를 구분하는 것이 아니라 그리스도라는 옷을 입어 성장하는 것이며 내 전 존재로 그리스도의 사랑과 영광을 반영하는 것이다.

새 옷을 입는 것은 하느님께서 내 모든 것을 취하셨다는 뜻이다. 예수님께서도 제자들의 발을 씻겨 주실 때 영광의 옷인 겉옷을 벗으시고 노예의 옷을 입으셨다(요한 13,4 참조). 예수님이 부활하실 때 하느님께서는 그분에게 영광과 영원의 옷을 입혀 주셨다. 미사를 집전하러 들어가면 나는 빛나는 부활의 옷을 입는다. 그러나 미사가 끝나면 그 옷을 벗는데, 이는 예수님처럼 사람을 섬기고 그들의 발을 씻기는 것을 직접 체험하기 위해서이다.

●●● 봉헌

나는 사제 수품 기념일에 30여 년 전 서품 미사 예식 하나하나를 정확히 기억하지는 못한다. 그러나 수품 기념일은 내가 사제로 성품되었다는 것을 늘 새롭게 일깨워 주는 중요한 날이다. 나는 직무를 수행하도록 서품을 받았다. 이것은 내가 직무를 수행하도록 위임받았을 뿐만 아니라 하느님께서 내게 필요한 힘을 주셨고 또 계속해서 주실 것이라는 사실을 의미한다. 성품 받았다는 것은 참 사제인 예수 그리스도의 신비에 들어가 있다는 것을 뜻한다. 그 신비를 잘 아는 사람으로서 나는 예수 그리스도의 사제직을 더 깊이 받아들여야 한다. 예수 그리스도는 참 사제이다. 그분은 우리에게 생명을 주시기 위해 친히 자신을 바치셨다.

따라서 사제직은 헌신을 의미한다. 즉, 내가 이끌어 주고 시간을 내주는 사람들에게 나를 바치는 것, 화해하는 일에 나를 바치는 것, 내가 거행하는 전례에 온전히 나를 바쳐 충실해야 함을 의미한다. 예수님은 사제일 뿐만 아니라 자기 양들을 알고 초원으로 이끄는 목자이다. 바로 그 때문에 나는 예수님처럼 정말로 부양할 수 있는 곳으로 사람들을 데리고 가야 할 책임이 있다. 예수님은 잃어버린 양을 찾아 어깨에 메고 아버지 집으로 돌아온다. 예수님은 사람의 영혼을 움직여 하느님께 마음을 열도록 사람의 영혼을 돌보는 분이시다. 그분은 굽은 이를 펴 주고 병든 사람을 낫게 한다.

성품 받았다는 것은 영혼을 돌보고 치유하시는 예수님의 그 마음과 능력을 내가 가지고 있다는 것을 의미한다. 나는 예수님을 똑같이 따라 할 수는 없다. 그러나 내가 반복해서 그분 안에 깊이 잠기면 예수님께서는 내 안에 들어와 역사役事하시고 기도와 묵상 안에서 그분 신비로 이끌어 들이신다.

c) 현대 교회와 세상 안에서의 사제

내가 피정의 집에서 사제와 수도자들을 지도한 지 10년이 넘었다. 그들과 많은 대화를 나누면서 나는 오늘날 사제들이 구체적인 삶의 현장에서 얼마나 많은 고통을 받고 있는지 알게 되었다. 서너 개의 공동체를 이끌어야 하기에 부담을 느끼는 사제들도 있다. 공동체마다 관심이 다르기에 사제들은 괴롭다. 또 어떤 사제들은 고독을 느낀다. 그들은 혼자 사제관에서 생활한다. 모임이 끝나고 저녁에 집에 돌아오면 사제도 그날의 일에 대해 함께 이야기를 나눌 사람이 그립다. 공동체의 높은 기대에 부응하지 못하는 사제들도 있다. 그들은 자신들이 공동체가 바라는 이상적인 사제가 아니라고 느낀다. 그들은 모든 노력을 기울이지만 그럴듯하게 강론을 할 수 없다. 사람의 마음을 움직여 감동시킬 수 없는 것이다. 또 날마다 일어나는 공동체의 갈등과 세력 싸움 때문에 지쳐 버린 사제들도 있다. 그래서 그런 사제들은 정도 차이는 있지만 자신이 잘하지 못하는 일은 회피하려고 한다. 일은 점점 많아지고 영성 생활은 서서히 후퇴한다. 효과가 있을 때만 기도하는 사제들도 적지 않다.

사제들의 영성은 그렇게 메말라 간다. 그들은 만족하지 못하지만 이 막다른 골목을 벗어날 수 있는 어떤 길도 발견하지 못한다.

여기서 사제가 안고 있는 모든 문제를 논하는 것은 이 책의 범위를 넘어서는 일이 될 것이다. 사제가 자신의 직무에 대한 의욕을 잃어버리지 않도록 도움과 자극을 줄 수 있는 몇 가지 이야기만 하려고 한다.

먼저 건강한 생활문화가 있어야 한다. 나는 피정을 지도하면서 사제들에게 일주일의 계획을 구체적으로 세우게 했다. 즉, 언제 일어나 어떻게 아침을 보내며 어떤 스케줄로 어떻게 하루를 마감할 것인지 구체적으로 쓰게 했다. 계획을 세울 때 묵상과 기도 시간이 있는지, 산책과 독서 시간이 있는지, 음악회나 연극을 관람할 여유가 있는지, 또 친구들과 대화를 나눌 시간이 있는지가 관건이 될 것이다. 혹은 모든 것을 잘못 계획한 것은 아닌지?

많은 사제가 그들의 삶에서 변화가 많은, 풍요로운 체험을 한다. 이것은 분명 사제직의 아름다운 특징이기도 하다. 그러나 쓸데없는 일에 힘을 소모하여 큰 줄기를 잃어버릴 위험 또한 도사리고 있다. 외부로부터 오는 모든 기대와 더불어 사제는 수동적이 아니라 능동적으로 살고 있다는 느낌을 가져야만 한다. 그래서 사제에게는 건강한 의식儀式이 아주 중요하다. 의식은 사제가 자기 자신의 삶을 살고 있으며 자신의 삶에서 기쁨을 누리고 있다는 느낌을 준다. 아침이면 더 생생하게 체험한다고 말하는 사제도 많다. 그런 사제들은 묵상하거나 성무일도를 바친다. 하지만 사제들은 저녁이면 공허함을 느낀다. 각종 모임에서 낙담하여 돌아오기라도 하면 독서를 하거나 기도할 힘이 더 이상 없다. 그럴 때 사제들은 먹고 마시고 텔레비전을 시청하면서 기분을 달래다가 지쳐서 침대에 누워 버린다. 그러나 이것은 건강하지 못한 저녁의 생활방식이다. 이들은 다음 날 만족을 느끼지 못한 채 뒤숭숭한 기분으로 깨어날 것이다. 바로 그 때문에 독신 사제는 저녁 시간에 간단한 예식을 거행함으로써 편안함을 느껴 볼 필요가 있다. 내가 의도적으로 저녁시간을 계획하고 나의 개인적인 의식을 행하면 편안함을 느낀다. 이렇게 할 때 내가 정말로 살고 있다는 것을 느낄 수 있을 것이며, 부담감에 짓눌린 삶이 아니라 축제와 같은 삶을 살고 있다는 느낌을 가지게 된다.

●●●● 친교

사제가 온 존재로 살기 위해 중요한 두 번째 영역은 관계의 영역이다. 사제는 혼인하지 않았기에 더 좋은 관계를 필요로 한다. 온전히 자기 자신으로 족하고 어떤 역할도 할 필요가 없으며 인간이라는 존재 자체로 충분한 우정을 필요로 한다. 많은 사제가 동료 사제를 친구로 삼는다. 그들은 서로 우정을 나눌 수 있는데 어느 때는 약해질 수도 있다. 가족들과 결속되어 있음을 느끼는 사제도 있는데 이들은 가족에게서 고향을 느낀다. 사제와 여성 사이의 우정도 원만히 성립될 수 있다. 여성과의 우정이 공동체를 위한 사제의 직무를 방해하지 않기 위해서는 물론 깨어 있어야 한다. 오늘날 교회에서 이루어지는 성품성사가 바로 독신서원과 연결된다고 해서(미래에는 무조건 그럴 필요가 없을지라도) 사제가 독신을 감내하기만 하는 것은 도움이 되지 못한다. 사제는 독신 상태를 영성 생활의 가능성으로서 긍정적으로 바라보고 수용할 필요가 있다.

사제는 사람들과 끊임없이 접촉한다. 사제 역시 편안함을 느낄 수 있는 우정 관계가 필요하다. 하지만 결정적인 것은 사제가 과연 하느님에게서 편안함을 느끼는가이다. 자신의 내면과 잘 만나지 못하는 사제가 어떤 한 친구에게 집착한다면 너무 큰 기대와 더불어 지나친 우정을 요구하게 될 것이다. 나는 우선 나 자신과 가까워져야 한다. 나 자신과 만나고 나를 느낄 때 비로소 내 욕구를 늘 충족시키지 못하는 사람들과의 만남을 내게 주어지는 선물로 감사히 받아들일 수 있다. 안전에 대한 나의 깊은 욕구는 하느님만이 충족시켜 주실 수 있다. 내가 하느님의 품 안에 편안히 머무를 때만 나는 내 안에서 고향을 발견할 수 있으며, 다른 사람에게서 찾을 필요가 없다.

●●●● 내가 생각하는 사제의 모습

사제의 신원을 충분히 밝히기 위한 세 번째 걸음은 성경 이미지에 관한 묵상으로 다가간다. 성경에 나오는 치유와 만남의 이야기를 묵상하면서 나는 내 안에 또 사제로서의 나의 행위에 숨겨져 있는 가능성을 발견한다. 그러면 나는 예수님처럼 똑같이 행해야 한다는 압박을 받지 않는다. 예수님을 바라보고 있으면 예수님이 취했던 태도가 어떤 것이었는지 떠오르고 내게 어떤 가능성이 있는지 알게 된다. 사제로서 내가 영향을 미칠 수 있을 때 떠오르는 가장 아름다운 이미지는 루카 복음 13장 10절에서 17절에 나오는 등 굽은 여자의 치유 장면이다. 나와 상담한 사람이 위로를 받고 돌아갈 때 나는 사제직을 행복하게 체험한다. 어떤 사람이 마음의 짐을 벗고 다시 일어설 힘을 받아 갈 때 나는 마음이 충만해짐을 느낀다. 이것은 성찬례에도 해당하는 아름다운 이미지이다. 사람들이 미사에서 용기를 얻고 위로를 받아 해방된 마음으로 집으로 돌아가면 나는 예수님이 말한 의미에 충실하게 거룩한 미사를 거행한 것이다.

모든 사제가 사제로서의 그의 행위가 지니고 있는 신비에 눈을 뜨게 해 주는 개인적인 심상心象을 갖고 있다. 어떤 사제에게 그 심상은 나병 환자의 치유일 것이다. 그는 사람들이 자신의 모습 그대로 좋으며, 그들은 환영받고 있고, 그들이 존재한다는 그 자체로 좋다는 것을 알려 주는 것을 사제의 직무로 이해한다. 또 어떤 사제는 눈 먼 이를 치유해 주는 것을 사목 활동의 일환으로 본다. 그는 사람들이 두려움 없이 그들의 현실을 바라보고 사건이나 사물의 배후에 있는 것을 통찰하며 모든 것 안에서 치유하시고 사랑하시는 하느님께서 가까이 계시다는 것을 바라보도록 그들의 눈을 뜨게 해 주고 싶어 한다.

나는 피정을 지도하면서 사제들에게 종종 죽음을 눈앞에 두고 있다는 가정하에 가장 친한 친구에게 편지를 쓰라는 과제를 준다: '나는 내 삶으로 무엇을 전하려 했는가? 내가 행하였던 모든 것 안에서 사람들에게 알리려고 한 가장 강렬한 메시지는 무엇인가? 나는 유언으로 무슨 말을 남기고 싶은가? 나는 왜 매일 잠에서 깨어 일어났나? 무엇이 나로 하여금 사람들을 위해 존재하도록 했는가? 나의 사제 직무의 깊은 동기, 추동력은 무엇인가? 나는 이 세상에 어떤 빛을 발하려 했는가? 어떤 흔적을 남기기를 원하는가?'

나는 사제들에게 거창한 말을 쓴다고 해서 걱정할 필요는 없다고 말했다. 우리 모두는 삶에서 늘 우리가 바라는 이상 뒤에 머물러 있다는 것을 안다. 하지만 때때로 우리는 우리 삶을 이끄는 생각이 무엇이며 우리 전 존재를 드러내고 싶어 하는 본연의 메시지가 무엇인지 분명히 알아야 한다. 한 사제가 자신이 쓴 편지를 읽어 줄 때면 나 자신도 감동받곤 한다. 어떤 사제든 모든 낙담에도 불구하고 사제직의 아름다움과 사제로서의 실존의 신비를 느낀다는 것을 나는 안다. 이 실존 안에서 그는 일으켜 세우고 치유하며 죄에서 해방시키고 하느님께로 가는 길을 사람들에게 자유로이 허용하는 사제로서의 예수 그리스도를 나름의 방식대로 이 세상에서 경험하게 된다.

맺는말

이 책을 쓰기 전에 관련 사전에서 사제와 사제직 항목을 읽어 보았다. 그러나 그 글들은 내게 아무런 감흥을 주지 못했다. 내게는 모든 것이 너무 추상적으로 느껴졌다. 이와는 대조적으로 성품성사에 몰입하는 것은 나의 내면을 움직였다. 나 자신의 사제적 실존의 신비와 어떻게 접촉했는지를 느꼈기 때문이다. 나는 이 책의 맺는말로 내가 사제로서 나 자신을 어떻게 이해하고 있는지 몇 가지 쓰고 싶다.

우선 나는 내가 기꺼이 사제이고 싶은 마음을 말하고 싶다. 사제의 임무가 얼마나 경이로운 것인지를 느끼기에 그렇다. 성찬 전례를 거행하고, 세례성사를 주고 삶을 축제로 만들고, 슬픈 이들을 위로하고, 죄지은 사람들을 마음의 짐에서 풀어주고 일으켜 세우고, 사람들을 영적인 순례로 이끌어 주고, 하느님의 말씀을 선포하고, 그 말씀을 구체적인 삶 안에서 해석하는 것이 다 경이로운 사제의 직무다. 그러나 사제 됨은 이 임무들을 수행하는 것 이상을 의미한다. 나는 인간이면서 사제다. 하느님께서는 내 마음을 움직이고 당신 뜻대로 그리시며 말씀을 건네시고 사람들에게 파견하신다. 다른 사람들을 위한 소명, 하느님께서 사람들의 안녕을 위해 내게 위임하신 사명이 있다. 또 다른 한편으로 나는 사제로 서품되었다. 하느님께서 나를 축복하시고 부박한 이 세상에서 나를 선택하셨으며 하느님의 거룩한 공간으로 나를 이끌어 들이셨다. 이 거룩한 터에서 나 자신이 거룩해지고 사람들의 영혼을 치유하는 거룩함을 나누어 갖도록 말이다.

독신 상태가 때때로 나를 괴롭고 힘들게 하더라도 나는 독신 사제로 살고 싶다고 말할 수 있다. 독신 상태는 내가 매일 계속해서 영성의 길을 걸어가고 전폭적으로 하느님께 투신하며 하느님 안에서 나의 진정한 고향을 경험하는 데 있어 하나의 도전이 된다. 그리고 독신은 나로 하여금 사람들에게 마음을 열도록 해 준다. 미래에는 사제가 결혼할 수 있게 되리라 상상해 볼지라도 나는 개인적으로는 독신 상태를 나의 영성을 탐색하는 기회로 감사히 받아들일 수 있다.

교회에서 성품 받은 사제가 일반 신자들의 보편 사제 직에 비해 뭔가 특별한 것이 있는지 누군가 내게 묻는다면 나는 이 질문에 원래 관심이 없다고 말하고 싶다. 나는 다른 사람과 다르다는 것으로 나 자신을 이해하고 싶은 것이 아니라, 참사제인 그리스도와의 만남에서 느끼는 사제 직분의 신비로써 나를 이해하고 싶다. 사제의 신원은 우리를 위해 헌신하고 사람들을 치유하고 격려하고 위로하고 도전하며 보게 하시는 예수 그리스도의 형상 안에서 더욱더 성장하는 데 있다고 나는 생각한다. 예수 그리스도는 우리를 하느님께 인도하시는 사제이다. 이 사명에 참여하는 것, 사람들의 눈을 하느님을 향해 열어 주는 것, 그들의 마음을 하느님께서 어루만지시도록 하는 것, 또 치유하시고 사랑하시는 하느님께서 가까이 계시다는 것을 알게 하는 것에 사제로서의 내 마음을 끌어당기고 전적으로 내 마음을 충만케 하는 사명이 있다고 믿는다.

Knut BACKHAUS, Priestertum, in: *Lexikon für Theologie und Kirche*, Bd. 8, Freiburg ³1999 (*LThK*) 583f.

Die Regel des hl. Benedikt, hrsg. im Auftrag des Salzburger Äbtekonferenz, Neubearbeitung, Beuron 1990.

Paul F. BRADSHAW, Priester/Priestertum. Geschichtlich, in: *Theologische Realenzyklopädie*, Bd. 27, Berlin 1997 (*TRE*) 414-421.

Gisbert GRESHAKE, Priester, in: *LThK*, Bd. 8, Freiburg ³1999, 564-567.

—, Priester/Priestertum. Systematisch, in: *TRE*, Bd. 27, Berlin 1997, 422-431.

Theresia HAINTHALER, Priesterin, in: *LThK*, Bd. 8, Freiburg ³1999, 574f.

Klaus HEMMERLE, Ruf/Beruf/Berufung, in: *Praktisches Lexikon der Spiritualität*, hrsg. v. Christian Schütz, Freiburg 1988, 1066-1069.

Franz KAMPHAUS, *Priester aus Passion*, Freiburg 1993.

Wassilios KLEIN, Priester/Priestertum. Religionsgeschicht-
lich, in: *TRE*, Bd. 27, Berlin 1997, 379-382.

Bruno KLEINHEYER, Ordinationen und Beauftragungen, in:
Handbuch der Liturgiewissenschaft, Teil 8, Regensburg
1984, 12-66.

Konstitution über die Kirche, in: *Vatikanum II. Vollständige
Ausgabe der Konzilsbeschlüsse*, zus. V. Konrad W.
Kraemer, Osnabrück 1966, 70-170.

Hermann-Josef VENETZ, *So fing es mit der Kirche an. Ein
Blick in das Neue Testament*, Zürich 1990.

안셀름 그륀 지음
정한교 옮김

A5판 72쪽

세례성사

생명의 축제

초기 교회 사람들에게는 세례가 온 삶을 바꿔놓는 인상적인 체험이었다. 오늘도 다시 많은 이가 오랜 그리스도교 예전에 다가가려 하고 있다. 세례의 좀 더 깊은 뜻은 무엇인가?

안셀름 그륀 신부가 세례를 설명한다. 세례의 상징들을 소개하며 세례에서 이루어져 나올 수 있는 삶의 모습들을 가르쳐 준다.

영세자의 부모와 대부모, 성인 영세 지원자, 그리고 이 생명의 축제에 다시 다가가고자 하는 모든 이를 위한 책이다.

안셀름 그륀 지음
김주현 옮김

A5판 88쪽

고해성사
화해의 축제

지난 수십 년 동안 성사들 가운데 아마 고해성사만큼 논란을 불러일으킨 것도 없을 겁니다. 동시에 교파를 초월해 이 오래된 예식에 대한 관심이 고조되고 있는 것도 사실입니다.

안셀름 그륀 신부는 고해를 "치유의 능력을 지닌, 그리고 실제로 치유하는, 하느님의 은총"으로 이해합니다. 고해 중에 행해지는 대화를 통해 우리는, 죄가 우리 마음의 깊은 곳을 바라볼 수 있는, 그리하여 자신의 참모습을 인식할 수 있는 기회가 될 수도 있다는 사실을 발견합니다. 이처럼 자기 자신과의 화해 그리고 이웃과의 화해에 이르는 구체적인 길이 바로 고해성사입니다.

안셀름 그륀 지음
윤선아 옮김

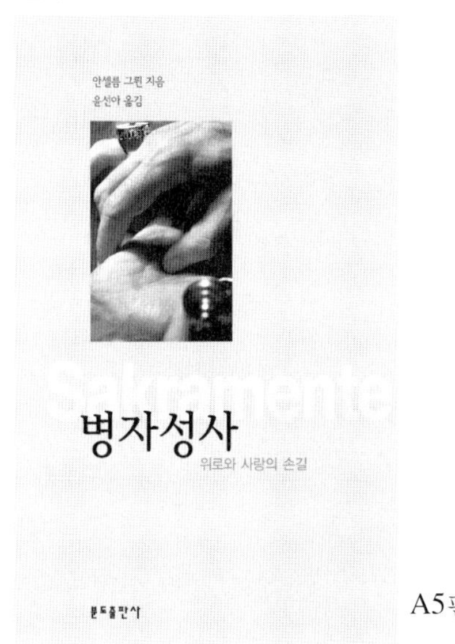

A5판 72쪽

병자성사
위로와 사랑의 손길

우리는 병 가운데서 하느님을 만나게 된다. 그리고 병은 예수 그리스도의 아버지이신 하느님을 위해 우리 마음을 열어 그분께서 우리 삶을 치유하시고 변화시키시도록 한다. 병자성사는 바로 이 점에 세심한 주의를 기울이게 해 줌으로써 교회를 떠난 이들에게까지 큰 의미로 다가오는 것이다.

이 책에서 그륀 신부는 병이 그리스도인들에게 지니는 의미에 대해, 그리고 병자와 그 가족들에게 위로와 사랑의 손길을 건네는 병자성사에 대해 특유의 영성과 체험을 토대로 자상하게 이야기해 준다.

안셀름 그륀 지음
이은희 옮김

A5판 80쪽

혼인성사
가정 공동체에 내리는 축복

교회에서 혼인 예식은 어떻게 이루어지는가? 전례는 어떤 의미를 담고 있는가? 혼인 예식이 결혼생활에 지속적인 의미를 지니게 하려면 예식을 어떻게 치러야 좋을까?

안셀름 그륀 신부가 혼인을 말한다. 혼인의 본질을 일깨워 주고, 혼인성사가 가정 공동체에 내리는 축복이 되도록 고무시킨다.

신랑 신부, 결혼을 앞둔 연인, 오래 함께 산 부부, 혼인성사를 새롭게 이해하고 느끼려는 모든 이를 위한 책.